职场进阶
智慧丛书

三维表达术

表达术 三维

曹茜 著

浙江工商大学出版社
ZHEJIANG GONGSHANG UNIVERSITY PRESS

杭州

图书在版编目（CIP）数据

三维表达术 / 曹茜著 . —杭州 : 浙江工商大学出
版社 , 2019.1
ISBN 978-7-5178-3048-1

Ⅰ . ①三… Ⅱ . ①曹… Ⅲ . ①语言艺术－通俗读物
Ⅳ . ① H019-49

中国版本图书馆 CIP 数据核字 (2018) 第 274300 号

三维表达术
SANWEI BIAODASHU
曹茜　著

责任编辑　谭娟娟
封面设计　新艺书文化
责任印刷　包建辉
出版发行　浙江工商大学出版社
　　　　　（杭州市教工路 198 号　邮政编码 310012）
　　　　　（E-mail:zjgsupress@163.com）
　　　　　（网址 :http://www.zjgsupress.com）
电　　话　0571-88904980　88831806（传真）
排　　版　新艺书文化
印　　刷　廊坊市颖新包装装潢有限公司
开　　本　787mm×1092mm　1/16
印　　张　18.75
字　　数　198 千
版 印 次　2019 年 1 月第 1 版　2019 年 1 月第 1 次印刷
书　　号　ISBN 978-7-5178-3048-1
定　　价　68.00 元

升维表达，玩转职场

互联网时代的到来，对人才综合能力的要求比以往任何时候都要高。一份针对职场中高管的调查结果显示，员工能够自信、清晰、准确地表达业务情况的能力，即能阐述自己的想法，输出工作结果，推销自己的企业，推销产品及推销自己的能力，是他们最为看重的。当你能很好地展现出高效业务能力的时候，决策者会听从你，客户会买你的东西，老板也会提拔你。

我们如何才能具备这样的能力呢？有一种逻辑说通、情绪融通、心门打通的技术可以教给大家，我称之为"三维表达术"，并用了 18 堂课来讲述相关内容。本书是提炼了这 18 堂课的精华并整理而成的。

逻辑说通，即有理。在逻辑上讲通，让对方听懂并能认可你的说法。有些人的工作可能只做了五分，但是在汇报时能总结到八分；有的人确实没有把事情办好，但他把道理讲通了以后同样能够获得别人的谅解。我们怎么才能掌握这种高效的表达技术呢？首先我们必须要掌握的就是汇报式的说服。

我先给大家讲两种失败的表达情境。第一种情境是什么内容都当成重点去说，不愿意放弃任何一点。曾经有一位学员困惑地问我，每个季度的汇报他都会精心准备，无奈的是，每次领导都是听听就过了，很少和他有深度交流。他打开自己的一份汇报 PPT 时，我就知道了问题所在：这份 PPT 是他所在岗位的一笔业务账，虽然面面俱到，但由于什么都想说，不想遗漏任何细节，反而抓不住重点，最终只能给领导留下一个操作员的印象。这种感觉就像你去打靶，虽然每一枪都在靶上，但密密麻麻没有重点的着弹点，只会让人将你看作练习场上的新手，而不是专业的运动员。

第二种情境，由于对听众的心理分析不到位，表达者往往采用标准模板，不管是不是听众已经知道的信息，都会花不少时间细细讲解，结果浪费了表达的有效时间，到了听众真正想要听的重要部分时反而一笔带过，草草了事。说通对方的关键在于把握对方的需求。我的学员在探究原因时会解释说自己的计划尚在探索阶段，没有特别具体的实施步骤，我便告诉他，这时候就更需要设计自己话题的主线，用合适的逻辑结构凸显重点。

由此可见，大家在表达时的困惑首先暴露在内容上。本书将教给各位如何选择汇报的重点，以及找到重点之后如何组织语言。

另外，优秀的汇报式说服体现出的是管理思路和工作方法。在培训课上我经常跟学员讲，汇报式说服就好像玩俄罗斯方块，虽然是同样的内容，但搭法的不同，会影响到最终所呈现的效果。

一般来说，讲话可以分为三段式结构，即开场、主体和结尾，因此，结合听众分析，层层铺垫地抓住听众的注意力，用内涵式、暗动式的方法引发听众对于讲话者所述内容的关注，也将是我们需要掌握的重点。

情绪融通，即有情。人是感性动物，很多时候说话的逻辑是通的，但是对方的情感不通，双方依然很难产生共鸣。这一部分将向读者展示，什么样的演讲是好的演讲，我们从这些好的演讲当中，能够借鉴哪些说服的技术，拿来为职场所用。

试想你去看一部好的电影，情绪势必会随着剧中人物的起伏而起伏。你因为某个角色哭，因为某个角色笑，就说明完全入戏了，你和这个剧中角色实现了情的共通。演讲也是这样，演讲者与听众之间的感觉是相通的。一些学员在跟我交流的过程中会说："老师，我觉得我的文笔是很不错的，逻辑思维能力也挺强，但讲话总是干巴巴的，不知道该怎么做才能让自己的讲话让人喜欢听。"也有的学员会跟我说："老师，我想让自己有气场，因为一上台我的气场就很弱，老被下面的听众带着走。"遇到这两种情况，你需要通过提升手、眼、身、法、步间的协调性，通过声音塑造提升自己的说服力，在讲话的时候体现身份契合原则，就能最终掌握控场和有效表达的能力了。

这部分内容还会教你借助一些辅助工具，比如用图像记忆法帮助自己降低忘词的概率，根据发言时长灵活增删所述内容，让自己真正成为驾驭全场的魅力演讲者。

另外，这个部分还会专门提到一个不可回避的重要表达工具——PPT。我经常跟学员讲，无论在什么情况下，你都应该能做到关上 PPT 讲演，因为 PPT 是给你的听众看的，它可以是你的提词器，但绝不是朗读稿，不要过分依赖它。如何运用好 PPT，让自己更好地与听众建立联系，在做 PPT 演示时如何借助一些技巧展现自己的专业度，也是这一部分重点讲解的内容。

心门打通，即有心。营销人员是最懂得攻心的一群人，所谓"销售式说服"就是因为他们这一岗位的突出特性而得名。有的学员跟我说，有些领导讲完话以后，自己会觉得很振奋和深受鼓舞，产生一种强烈的工作动力；有的学员发现身边有一种能够让其放下防备的魔力之人，他们总是有办法让别人敞开心扉，变得愿意开口说话；还有学员跟我说，他觉得自己身边的一些同事太厉害了，他们有化腐朽为神奇的力量，明明是一些有争议的内容，他们却总有办法有效推进，而且还能够跟别人达成共识，自己却总是只能以争辩来结束跟同事之间的沟通。假如你有他们这些困惑，你是不是也想知晓其中的奥秘？

在销售式说服技巧这一部分，我将教你学习沟通和谈判的引导技术，实现跟领导、下属、部门同事及客户之间的有效沟通；我会教你怎么让听众听完你的表达后产生行动；我还会教你如何提升自己讲话的影响力，更好地激励和鼓舞你的听众。

我希望这本《三维表达术》，能帮助大家掌握一套行之有效的话术技巧，掌握职场中不同情境的高效表达技术，帮助大家插上一双隐形的、强大的翅膀，从此笑傲职场！

曹茜

目录

下篇
心门打通——销售式说服的魔力

附　录

上篇

逻辑说通——汇报表达，你最广阔的舞台

汇报式语言不同于日常语言之处，就在于它需要一番精巧的设计。本篇将介绍从立意到准备，从汇报开头到结尾的讲话思路和一些范式。

第 1 课
汇报 / 呈现前的准备和结构设计

第 1 课中，我们来讲汇报 / 呈现前如何做准备。

在日常工作中，我们面对领导和客户，经常要做一些工作汇报或呈现，但是为什么有些人做完汇报 / 呈现，领导一言不发？为什么有些人说不到一半就被打断？为什么有些人做了充分的准备，数据翔实，内容具体，却还是被批评？

讲话要有针对性，要懂得有目标地舍弃一部分内容，尤其是在工作汇报 / 呈现的问题上更是如此。然而现实的情况却各有不同，一种情况是："这都是各部门报上来的汇总，你说上会的时候哪个部分能省略？哪个部分我都不能省略。"可是，如果是季会、年会，或者是周会、例会的形式，一般不会只有你一个人向领导去汇报 / 呈现，你想力求全面，什么都说到，根本不现实，汇报 / 呈现的时长首先就限制了你说的内容。

另一种情况是：汇报／呈现工作对一些人来说就是形式主义，到汇报／呈现工作的时候，要么就抓耳挠腮，苦思冥想，不知道从何汇报／呈现起，就好像自己压根没做过工作；要么就是年年岁岁一成不变地汇报／呈现，感觉就像把自己岗位上的那点事重复地介绍，只是数据有一些变动而已。这些人根本没有想清楚为什么要做汇报／呈现，而且通常说话也给人毫无目标的感觉。

一、定位一法：清晰表达目的，聚焦汇报／呈现重点

我们先来看看决策者对汇报／呈现者的十大抱怨：

（1）给出太多信息；

（2）漫谈；

（3）数据搬运；

（4）缺乏自信和热情；

（5）缺乏准备；

（6）对汇报／呈现对象的提问无预料；

（7）未考虑想从决策者那里得到什么；

（8）对决策者的反馈信息持防御态度；

（9）缺乏有执行力的形象；

（10）没有教会我任何新东西。

我们都知道，给出的信息、数据，翔实、全面，是汇报／呈现者要具备的基本修养，但如果抓不住重点，没有立意，就抓不住决策者的

兴趣点，决策者只会觉得你是一个做流水账的操作型工作者。那些能引起领导重视并参与讨论的汇报／呈现有什么特点？到底什么才是我们汇报／呈现的重点？为了说明这些问题的重要性，我们来看看下面这两幅图（见图1-1）：

图1-1　色彩的变化让主体得到聚焦

　　两幅图构图一样，之所以第二幅图中穿黄裙子的美女让你的目光更加聚焦，就是因为背景色彩灰色调的处理。在实际讲话的过程中，我们也不能点太散，不能面面俱到，而应该做到聚焦、突出，突出什么呢？突出清晰的一条主线，一定要有目的地进行诉求，只有这样，才能更好地引导听众。

我们再来看一看苹果公司的创始人，也是内容呈现的典范人物乔布斯。他在每一次苹果手机发布会上演讲的主题都是非常明确的（"少即是多"原则），明确到了什么程度呢？他对每一款产品的介绍，媒体不用改动就可以直接去用。比如说"把一千首歌装进你的口袋"，这个说法既形象又主题明确。我们也发现，乔布斯不会把这一款手机的所有特点在发布会上都讲出来，他只会讲两到三个最突出的特点。为什么他不多讲？开一场发布会，最大的目标，其实就是让消费者对你的产品产生浓厚的兴趣，并最终产生购买行为；如果每个点都讲，但是讲得比较宽泛，比较平淡，消费者就很难记住产品的特点，那上述目标是达不到的。但是如果只讲两三个特点，你从不同的维度，非常形象地去讲解，给消费者留下了印象，消费者非常喜欢，非常感兴趣，有了购买的欲望，那你的目标就可能达到了。

不要面面俱到，要重点突出。

怎样才能聚焦？如果某个工作内容，你每天上班都在做，它是一项常规性的工作，上个月和下个月你在做的时候，它的变化都不会很大，你在做汇报/呈现工作时，还用提它吗？不用吧？领导也不想听你报告这些常规的工作。举个例子，比如一个企业的行政部门人员给领导做汇报/呈现，说这个月派了十辆车，下个月要派二十辆车，这有意义吗？没有。即使你对派车数量的变化做出再详细的分析，价值也不是很大。但如果通过同比、环比数据，针对旺季保证重点人员重点派车的输出提出预案，这个汇报/呈现就是有价值的；或者派车量突然暴增，这一差异产生的原因主要在哪里；有哪些工作点是我们现在没有考虑到，而在下一个季度和下个月可以做到的？这样的汇报 / 呈现工作也是有意义的。

针对汇报 / 呈现工作不聚焦的情况，我们教给大家一个三步锁定汇报 / 呈现的方法。

第一步，**可视化法全面列**。列什么呢？我们每个月都要检视一下自己的工作，把所有做的工作按照大类别罗列；大类别下面还有细分项，我们要把所有的工作都掰开、揉碎了以后罗列出来。这个罗列不仅限于白纸黑字的罗列，也可以是在你脑海当中的罗列。

如图 1-2 所示，可视化全面列的具象体现就如主干与枝节的关系。

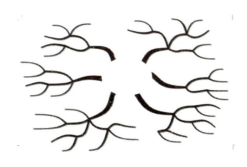

图 1-2　可视化法全面列的具象体现

第二步，**变化趋势点挑选**。挑选什么？我们要通过挑选无变化的、变化大的和变化小的来确定重点。

那些没有变化的项，就不要再讲了，变化大的和变化小的可以先留下，然后再来选，选什么呢？有一些是我做得不好的地方，即槽点，先暂且放一放，别撞枪口上；有一些是我在这个月工作当中做得很不错的地方，也就是有成果的地方，即亮点，这个要保留；另外，我这个月的工作还可能会出现需要改善的地方，即改善点，这个可以说。也就是说，槽点先放一放；亮点要作为这个月汇报 / 呈现成绩时候的一个方法论和经验值的总结；改善点要作为改善项拿出来说一说。

第三步，**一亮一改说目标**。在第一步、第二步的基础上，去确认目标。下面，我们结合案例来详细说明这个三步法。

2017 年工作项目汇报

先用可视化工具将项目设计变更的主要方式按照大类别列出，再综合 2017 年全年各项目所有出现的情况，对应安置在细分项里（见图 1–3）。

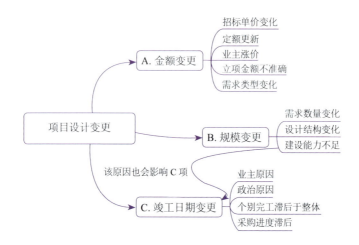

图 1-3　2017 年项目设计变更整体情况（部分）

由于在第一步时就综合考虑了 2017 年全年的重点项目，

因此到了第二步时无变化的项目已经被剔除了。下面将招标单价变化、定额更新、业主涨价、立项金额不准确、需求类型变化、需求数量变化、设计结构变化、建设能力不足、业主原因、政治原因、个别完工滞后于整体和采购进度滞后等内容结合表格（表 1–1），得到综合排名，再来决定哪几项内容值得且最能反映出 2017 年项目设计变更情况。

表 1–1　各类变更项目综合评估

问题	重要性 1~10 分	紧急性 1~10 分	影响性 1~10 分	趋势性 1~10 分	频繁性 1~10 分	综合优选评估	排名

接下来，根据这一年实际工作的开展情况，把已经圆满完成或已经找到预案的内容形成方法论摘选为亮点；把目前做得不够好，缺少应对措施的内容摘选为糟点；把目前做得不够好但已经有应对措施的内容摘选为改善点。

第三步，先要说一个亮点，这个点能非常完整有效地展现工作思路，是你管理方法的体现。而改善点，就是改革项和改善项，其实也是在说你的工作思路。按照这样的思路排布下去，你这个

年度工作汇报 / 呈现需要具备一些大数据处理的思想。

月的糟点可以成为下个月的改善点甚至是亮点，这个月的改善点可以成为下个月的亮点，依此类推，你会发现，你每个月的工作汇报/呈现就会不再流于形式。当你一年的工作结束之后，把每个季度的汇报/呈现集中在一起，全年的工作思路，会在最终的年度工作总结里被领导觉察到。久而久之，你不光掌握了一套很系统的开展工作思路的方法，同时，领导也会看到你是一个很有想法、很有步骤、很有管理思路的人。

二、定位二法：听众分析，为汇报／呈现内容精准定位

在日常工作中，什么才是决策者最为关注的内容？我们怎么定位这些内容？为此，我们先要了解决策者的心理期待，通过分析决策者的心理期待，来为汇报/呈现内容做精准定位。

试想一下：你正坐在办公室里，突然听到楼道里有人喊："着火了！着火了！"你正准备逃出此房间，可当你打算开房门的时候，发现门把手被火烤得发烫，滚滚的浓烟顺着门缝进到屋里，如果此时开门，可能会被火舌吞没。你用湿衣物堵住口鼻，积极展开自救，正在这时门开了，进来一位消防员。如果给你图1-4中的十个话题，你希望消防员说哪些话题？为什么？

其实在生命受到威胁的时候，我们最清楚D、G、J这三个话题是能够救命的。在日常汇报中，我们也要站在听众的角度去想想，如何

A. 请允许我向您展示如何安装火警报警器

B. 现在该是检查你们公司的防火措施的时候了

C. 关于火灾的最早记录是在奥陶纪的陆生植物的化石中发现的

D. 一楼发生了火灾。请仔细听我说

E. 今天我们将讨论历史上最严重的火灾

F. 学者指出，人类在 40 万年前第一次控制火的使用

G. 最近的火灾逃生通道在下面大厅，标记着红色 "×" 的左边第二道门

H. 让我们来看一个如何一步一步扑灭火灾的报告

I. 在美国，每年有 200 多万起火灾报告

J. 为了您的安全，请确保遵循以下流程

图 1-4　火灾现场应该说什么？

把他们从"危机"中解救出来。我们先来看看不可不知的听众分析的十大问题：

（1）他们是谁？

（2）他们的期望是什么？

（3）他们的主要问题和挑战是什么？

（4）你希望他们做什么？

（5）你传递的信息怎样解决他们的问题？

（6）你最想传递的信息是什么？

（7）你的汇报 / 呈现对象已经知道多少？

（8）汇报 / 呈现对象对话题的态度是什么？

（9）汇报 / 呈现对象的性格类型是什么？

（10）汇报 / 呈现对象可能的异议或问题是什么？

第一个问题，是说要知道"他们"是谁，包括他们的年龄范围、教育水平、职业经历、经济状况和文化影响，包括他们的头衔、职责、角色、工作内容等，总之，你能想到的都是要知道的内容。

第二个问题，是说要分析他们期望听到什么，他们来听你演讲的动机是什么，为什么要来听演讲。

第三个问题，是说要分析一下他们面临的主要问题和挑战，不悱不发，听众如果没有疑问，你就可以不用讲了。一定要知道到底是什么问题困扰着他们，他们想要听到的重点是什么。

第四个问题，就是接下来你希望他们做什么，其实就是期待一种行动的转化。你是需要得到他们的支持，还是需要得到他们的帮助，还是说你要通过这次呈现产生订单，激发他人投资的意愿等。你需要在这个时候定一个明确的目标，最好在讲之前写在本子上。

第五个问题，实际上讲的就是同频沟通的问题。因为你知道听众面临的问题，你要确保你向他们展示了自己的产品和想法，表达你是帮助他们解决问题的。

第六个问题，你最想传递的信息和唯一的想法是什么。这就是上文说的主题和内容上的"少即是多"。

第七个问题，要分析一下，你的表达对象已经知道多少，对于他们知道的内容，待会儿做陈述的时候就要少讲。举一个很简单的例子，我们投一份简历，那简历当中已经写到了的内容，在你去面试的时候，就应该尽量少讲，或者突出重点地讲，而不是把简历上的东西逐一给对方重复一遍，否则你给对方留下的印象在哪儿呢，在那么多面试者中，你又怎么能脱颖而出呢？所以面试时要讲应聘单位不知道的内容。同样地，我们讲话也是这样，要从对方已知的信息引入话题，但是讲对方不知道的内容。

第八个问题，要知道表达对象对于这个话题的态度是什么。这点太重要了，在你开始讲这个话题之前，如果是别人表现出反感的，那么你想要达到的目的——让对你的话题方案不感兴趣的人来埋单，可能会有一些难度。在这个过程中，你需要多次呈现，逐步去打开他们的心扉，才能达到目的。我们在制订表达目标的时候，要先定一个切实可行的小目标。

第九个问题，是说表达对象的性格类型。如果有学员跟我说，老师，对于对象的性格分析，他要如何知道对象是老虎型还是别的什么型？我就会告诉他，这有一点难办到，因为多数情况下，我们是分析不到那么具体的，我们要把侧重点放在听众整体性特点上。你不可能对每一个听众的类型都进行把握，要知道的主要是整体的类型。比如给做人力资源的学员讲，你现在面试、招聘的一般都是"90后""00后"，你的语言逻辑要符合他们的逻辑习惯，语言特点也要符合他们的特点。比如说多讲一些"吐槽""拍砖"这样的网络语言，他们会觉得与你很有共同语言。如果你讲企业文化的时候，也能突出员工队伍多元化、轻松化的特点，和一种开放、弹性制的风气，员工可能就会对企业更喜欢。

第十个问题，我们除了准备这些内容，必须还要考虑到听众在听完所有的内容之后，可能会产生什么样的问题。很多主讲人在讲自己准备好的内容的时候，都讲得非常不错，可是一旦涉及最后别人提问的环节，往往就卡壳了，容易暴露问题。这并不表示他不是专家，而是他不擅长即席的互动和发言。所以，提前去做一些准备，对于最后讲话的成功也是有帮助的。

下面我们结合案例进行解析：

表 1–2 和图 1–5 是 ×× 公司近三年工伤人员的处理情况与汇报，如果你是领导，你是否想知道得像表 1–2 列举的那么具体？在汇报展示的时候，图 1–5 又是否一定要单独一页放置？我们一一分析。

·他们是谁？你的汇报 / 呈现对象已经了解多少情况？

他们是你的直管领导，人员受伤具体时间、地点、部位、当时的处理情况等细节，在工伤发生时就已经得到披露。

·他们的期望是什么？

了解工伤事件的后续事宜，如是否评定工伤等级，费用是否到位；未能评定工伤等级的，公司有何赔付处理意见；这些人员返岗情况如何，如何安置；等等。

·你希望他们做什么？

希望领导评估涉及人员的安置及赔付处理等方案的可行性。

·你最想传递的信息是什么？

避免类似事故发生的措施。

表1-2 近三年工伤人员情况

姓名	车间	受伤日期	受伤地点及时间	受伤部位	处理情况
××	口罩车间	2014-10-30	口罩车间 16:40 左右	左肩软组织挫伤，左拇指屈肌腱损伤	已申报工伤，医保正常，离厂
××	清洁工	2015-09-09	上班途中 6:40 左右	轻微脑震荡，脸部擦伤	已申报意外险，报销到位，正常上班
××	口罩车间	2015-11-14	口罩车间 16:40 左右	跟腱断裂，环指皮肤裂伤	员工申报工伤，已离厂，无医保
××	隔离衣车间	2015-12-03	下班途中 18:30 左右	左腓骨下段骨折	报工伤未获批准，在家休养，医保正常
××	隔离衣车间	2015-12-19	上班途中 7:30 左右	右小腿软组织裂伤，背部软组织挫伤	已申报工伤，报销到位，正常上班
××	隔离衣车间	2016-03-19	上班途中 6:25 左右	皮外伤	已报销医药费，正常上班
××	隔离衣车间	2016-05-13	下班途中 17:35 左右	骶椎骨折	已申报工伤，在家休养，医保正常

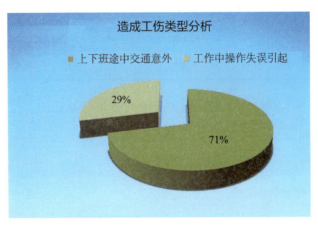

图1-5 ×× 公司近三年工伤人员处理工作汇报/呈现（部分）

　　明确了以上信息，我们就可以对汇报/呈现内容进行修改。修改后如表1-3和图1-6所示。

表1-3　修改后工伤人员情况

姓名	车间	受伤日期	受伤部位，伤残等级	是否有医保、意外险	赔付是否到位
未返岗工伤人员					
××	口罩车间	2014-10-30	左肩软组织挫伤，左拇指屈肌腱损伤	有医保	进行中，医保可赔付
××	口罩车间	2015-11-14	跟腱断裂，环指皮肤裂伤	无医保	进行中
××	隔离衣车间	2015-12-03	左腓骨下段骨折	有医保，工伤未获批	医保不可赔
××	隔离衣车间	2016-05-13	骶椎骨折	有医保	进行中
已返岗工伤人员					
××	清洁工	2015-09-09	轻微脑震荡，脸部擦伤	有意外险	意外险赔付到位
××	隔离衣车间	2015-12-19	右小腿软组织挫裂伤，背部软组织挫伤	有医保	医保赔付到位
××	隔离衣车间	2016-03-19	皮外伤	有医保	医保赔付到位

　　上述十大问题，学员在上课时通常都是非常认可的，但是往往会在设计讲话的时候，把这些内容全部忽略掉。那如何正确应用这十大问题呢？可以给它们进行分类（见图1-7）。比如说"他们是谁""他们的期望是什么""你希望他们做什么"这三个问题用来帮你确定内容方向；"他们的主要问题和挑战是什么""你最想传递的信息是什么"

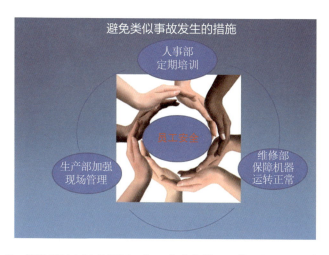

图 1-6　修改后的 XX 公司近三年工伤人员处理工作汇报 / 呈现（部分）

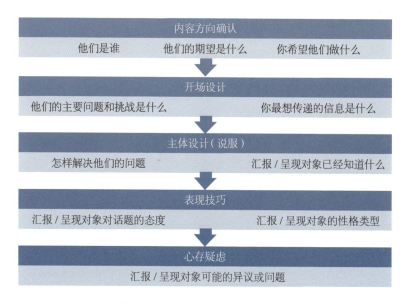

图 1-7　汇报 / 呈现内容设计思路

这样的问题，作为开场设计的方向；对于表达对象，我们已经知道了需要的信息，在做主体设计的时候，就要将其作为设计的主要依据和指导。

　　另外，在开始表达前，我们先要知道对方的态度是什么，这是帮助我们输出表达技巧的重要信息；对于表达对象的提问和疑虑，我们要在相应方面做出相应的指导。

本课学习要点：

一、定位一法：清晰表达目的，聚焦汇报 / 呈现重点

　　1. 主线明确

　　（1）不要面面俱到，要重点突出

　　（2）"少即是多"原则

　　2. 了解决策人对汇报 / 呈现者的十大抱怨

　　3. "三步法"锁定汇报 / 呈现目标

　　（1）可视化工具列出想要汇报 / 呈现的全部内容

　　（2）"三挑三选"法（挑无变化的、变化大的、变化小的；选糟点、亮点、改善点）；运用表格，结合重要性、紧急性、影响性、趋势性和频繁性等项目完成挑选

　　（3）一亮一改说目标

二、定位二法：听众分析，为汇报 / 呈现内容精准定位

　　1. 听众分析的十大关键问题

　　2. 听众分析与结构设计的关系

　　总结：只有定位一法和定位二法并行定位，才能使最终内容聚焦且精准。

"十六字真言"表达技巧让人一听就懂

在这一课中，我们来讲一下如何搭建汇报／呈现的框架结构。汇报一件事情，说通一个道理，内在原理跟盖房子是相通的。要有一个框架结构，也就是钢筋混凝土结构，只有具备这样的结构，你才能在接下来的环节把房子搭建稳固。汇报／呈现需要的是一个思维的结构，具体来说是一个核心内容为十六字的工具。

通过运用这个工具，你的思想可以使人一听就懂，一听就能理解，一听就能明白。这是我们每个人在职场与别人沟通时的诉求，我们总是希望沟通能更加顺畅，总是希望别人更能理解我们，但实现的前提，一定是我们把自己要表达的都表达清楚了。

在上课的时候，我经常会问学员这样的问题：你打开一份报纸时，是怎样去阅读的？你的阅读习惯是什么？或者说你为什么阅读这一篇，不阅读那一篇？很多学员是这么说的：我首先会看一下标题，哪个标题我感兴趣，或者它足够吸引我，我就会去读；如果报纸的内容很多，我就先看一下第一段，再看一下最后一段，然后看一下黑体字，如果黑体字下面讲的那个部分，我觉得很感兴趣，或者说我很关注，很想了解，那我会先去阅读那个部分，而对于其他部分，我会采用一种泛读的方式，一带而过。

当我们是读者的时候，我们一般会这样去读一篇文章。设想一下，当我们是听众的时候，我们坐在台下，别人在台上讲十五分钟，甚至是开一天的会，我们能把每个人讲的每一句话、每一个字都真正地听进耳朵里吗？能保证一秒钟都不跑神吗？能保证自己在对方说话的时候会把他讲的内容在脑子里面都过一遍，分析他的逻辑结构吗？不会。

事实上，我们对信息是这样处理的：首先我们的大脑会听清、识别，以及解读我们听到的这些词语；其次，找它们之间的关系；最后，再想主讲人所表达的思想、含义是什么（见图 2-1）。但如果我们对每一篇文章、每一个人，都用这种思考方式，是不是会很累啊？所以，

图 2-1　处理信息的三个环节

我们在讲话的时候，应该把讲话思想的关系找出来，帮听众梳理清楚。

我举一个例子，比如说 1290568437114698 和 123123123123123 这两串数字，要求你看 5 秒然后背出来，你会发现第二串数字很容易记，只用看一下它的循环节是"123"，然后看一下有几组，这个数字马上就在脑海里面有印象了，就不用再费脑子去想它的逻辑关系了。同样，讲话时我们要根据决策者的思考习惯，使用有规律的语言。讲话有规律，在借助这种规律帮助决策者做梳理的时候，你讲话的目标达成率会更高，输出的效果会更好，因为这样的讲话让决策者听起来不会累，会更容易把他们的聚焦点放在分析和判断里。分析和判断什么？不是分析和判断你讲的逻辑关系是什么，而是用你给他们提供的一些指导思想和依据去分析、判断和指导未来的工作。

这十六个字到底是什么？如图 2-2 所示，即"结论先行、上下对

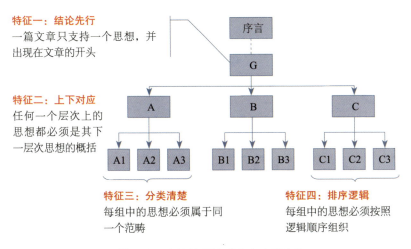

图 2-2　表达技巧的"十六字真言"

应、分类清楚、排序逻辑"，纵向八个字，横向八个字；也就是说，横纵向搭起一张逻辑的网。搭了这样一张网，讲话还能不清楚吗？

一、纵向关系一：结论先行，目的前置显重点

第一个特征，叫作结论先行。假设你作为一名员工，到老板办公室，你这样跟老板交流："领导，我最近一直都在留意原材料的价格，结果我就发现，钢材的价格现在涨得很快。而且你知道吗？刚才物流公司也打来电话说，他们也要提价了。然后我又比较了几家物流公司的价格发现，我好像没有办法说服他们不去涨价；同时咱们的竞争品牌×××，最近也在涨价，我看到这个情况……对了，我们的广告费用也比较大……"想必在实际沟通过程中，你还没有说到这里，你的领导就已经示意你说：打住，打住，你到底要跟我说什么，讲重点就好。

如果我们换一种结构方式去沟通，结果会怎样呢（图2-3）？比如说在汇报/呈现的时候，你说："老板，我认为我们的品牌应该涨价20%，而且我们涨的价格一定要超过竞争品牌。因为第一，最近原材料价格都上涨了30%，同时物流成本增加了。第二，咱们的竞争品牌价格已经全线上调10%~20%，所以我们至少应该跟进，是吧？第三，咱们的广告费用也超标，而且可能未来还得拉出一点空间……所以老板您看一下，这个建议是否可行？"

糟糕汇报 / 呈现者	优秀汇报 / 呈现者
· 老板，我最近在留意原材料的价格，发现很多钢材都涨价了。 · 还有刚才物流公司也打电话来说要提价。 · 我又比较了几家物流公司的价格，但还是没有办法说服他们不涨价。 · 还有，竞争品牌 ××× 最近也涨价了，我看到…… · 对了，最近广告费也比较多，如果……可能……	· 老板，我认为我们的牌子应该涨价 20%，而且价格要超过竞争品牌。 · 因为第一，最近原材料都涨价了 30%，物流成本也上涨了。 · 第二，竞争品牌价格全部上调 10%~20%，我们应该跟进…… · 第三，广告费超标，我们还应该拉出空间，可以做广告…… · 老板，你觉得这个建议是否可行？

图 2-3　两种结构方式的话语表达

去领导办公室说这件事，其实就是在做一种请示，既然是请示，那么你要做的事是什么？有的人说，前面那个请示者，他请示的时候，就比较没有条理性，后面这个汇报 / 呈现者比较有条理性，有理有据还有数据，所以他这种请示老板肯定喜欢。但实际核心不在这儿，而在于他们请示时结构上的不同。前者是先描述现象，当他在罗列现象的时候，其实领导已经听不进去了，因为领导不知道他要干什么；而后面这个请示者一上来，就告诉领导来意，表达目的非常明确，也抓住了决策者以结果为导向的心理特征。因此，我们汇报 / 呈现先讲什么，再讲什么，会直接影响最终的沟通效果和效率。

> 我们要学会在职场讲话时，在一分钟的时间内讲出关键的句子，十秒钟内提出一个切中要害的问题，一句话就能点出提案的内容。

二、纵向关系二：上下对应，疑问回答织经线

第二个特征，叫作上下对应。所谓上下对应，实际上讲的就是我们自上而下搭建起讲话的逻辑，一定是疑问回答式的。如何理解？还用上文的例子，优秀的汇报/呈现者说："老板，我认为我们的这个品牌应该涨价 20%，而且我们涨的价格一定要超过竞争品牌。"这是一个结论，在这个结论之下，隐含的是老板的潜台词——你说涨价 20%，你的依据是什么？好，接下来他就回答老板心中的这个疑问。这个疑问通常老板不见得会问出来，是在对话过程当中，自然形成的一种讲话思路。他把对方对这个问题的疑问，通过有效的引导方式，比较好地穿插在讲话的结构当中：理由一就是材料增加；物流成本增加，理由二就是竞争品牌全线调价；理由三就是广告费用也在涨。

我们看一下图 2-4，所有的理由相对于结论，都是一种解释说明。所有的这些理由结合起来，就得出了最后这个结论，所以这是一种上

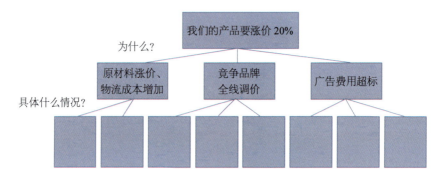

图 2-4　上下对应的呈现范例：给产品涨价

下对应的关系。我们在讲话的时候，也要开启纵向的这种逻辑关系，这是一种疑问回答式搭建，也就是不悱不发法。

三、横向关系一：分类清楚，模块游戏促记忆

第三个特征，叫作分类清楚。什么叫分类？我举一个最简单的例子，如何记住自己的身份证号码。其实大多数人都会用一个通用的方法，那就是把身份证号码分成三段：第一段是区号，是某个省的代码；第二段是出生年月日；第三段有四位数，只要把那四位数记住，身份证号码就记住了。我们记其他数的时候也是这样，不会一个字符一个字符地去记，而是会找其中的规律，找到隐含的一种关系。当你去给别人讲一项内容，很细碎地讲十个八个点，对方是不容易记住的。因为心理学家做过一项调研，人对于字符串的记忆，是一次三到七个为宜。因此我们一定要做好分类，而且分类一定是合理化的分类（关于这部分我们会在下一课详细说明）。

四、横向关系二：排序逻辑，有序输出合逻辑

第四个特征，叫作排序逻辑。这其实讲的是一种逻辑顺序，即分类完成以后，谁放在前，谁放在后，或者说按照什么样的逻辑顺序进行分类。我们提供两种推理方式进行分类：第一种叫演绎型推理方式；第二种叫归纳型推理方式。所谓演绎型实际上指的就是提出问题一分

析问题—解决问题，这样一个大的逻辑顺序；归纳型，实际上就是从个体到一般这样的一种逻辑顺序。这里面有以时间为轴的顺序搭建方式，也有以空间为顺序的搭建方式，比如说组织机构图，还有重要性顺序，比如说从总经理到职员这种职务的顺序。

总之，我们需要学会在实际的讲话过程中，高度贯彻上述十六个字，以帮助我们更好地在头脑当中织起一张网，让别人听清楚我们的表达逻辑。逻辑性越好，就越能在汇报/呈现式的讲话当中脱颖而出。

如何避免过劳死？

我所在的中心是从事过劳死研究的。经过研究我们发现，在北京地区每十例死亡案例中就有一例是过劳死。长期的高强度劳动是造成过劳死的重要原因，要想解决和避免过劳死问题，解决过度劳动问题是关键。过度劳动又是什么呢？可以说是在劳动者已经感知到自己过度疲劳的时候，还要持续工作的一种状态。怎样才能够解决过度劳动的问题呢？我认为要挥出以下三刀。

第一刀要切断观念链……

第二刀要切断管理链……

第三刀要切断代价链……

总之，在多方努力下，这个过劳死问题是可以避免的。

通过上述案例我们来详细解读一下这"十六字真言"。

结论先行，目的前置显重点：开篇围绕着过劳死的现象展开，一分钟内聚焦到关键，提出了如何解决和避免这个话题，是典型的结论先行的用法。

分类清楚，模块游戏促记忆；排序逻辑，有序输出合逻辑。观念链实际讲的是个人，管理链实际讲的是企业，代价链实际讲的是法规政策。从这三块分类看，运用归纳型分类方法，结构清晰容易记忆，另外按照避免过劳死的难易程度的顺序来讲解，符合常规认知规律。

其实，文字、说话就是由若干个两分钟的小单元组成，范例内容就是一个两分钟讲话的文字内容。在实际汇报 / 呈现的时候，不管企业是什么性质的，是否有模板要求，能在两分钟的小单元中运用本课所讲的结构特点，你的观点就会让人一听就懂。

纵向三层结构，下一层结构都是上一层结构的解释说明，上一层结构都是下一层结构的总结概括，这种纵向搭建的关系均应用不悱不发原则，隐含的问题便是"哪三刀？"和"怎么做到？"。（图 2-5）

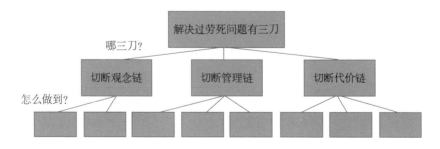

图 2-5 "十六字真言"的汇报 / 呈现范例：解决过劳死问题

本课学习要点：

一、汇报／呈现结构

　　1. 结论先行，目的前置显重点

　　2. 上下对应，疑问回答织经线

　　3. 分类清楚，模块游戏促记忆

　　4. 排序逻辑，有序输出合逻辑

二、一定要在一分钟的时间内讲出关键的句子，十秒钟内提出一个切中要害的问题，一句话就能点出提案的内容

三、文字、说话就是由若干个两分钟的小单元组成，在小单元中运用本课所讲的结构特点，你的观点就会让人一听就懂

　　本课作业：见附录 1

第 3 课
横切苹果，让你的表达更显价值

这一节课，我们来讲汇报／呈现中的主体设计。主体结构设计就像盖房子的承重墙一样，如果承重墙盖不好，意味着脉络骨架随时会坍塌。主体设计又像一种造型设计，为什么用这个造型不用那个造型，背后说明的是它要体现的某种功能。如果能把承重墙和造型设计的问题都兼顾到，那这栋房子就会成为一个伟大的建筑。而我们汇报／呈现时的主体结构设计，更多地也是通过这两个方面来体现。

我们先来玩一个切苹果的游戏。假设给你一个苹果，让你把它切成两瓣儿，我会特别感兴趣你怎么下刀。也许你会不屑地说："老师，你没搞错吧？这是三岁小孩都能做成的事儿。"然后毫不犹豫地以果蒂和果柄为切入点，竖着就落刀，将苹果一分为二。如果真是这样，那么很遗憾，你就错过了更加漂亮的图案。我听过这么一个故事，一天，一个六岁的小男孩兴高采烈地对爸爸说："爸爸，苹果里面有一个漂亮的五角星。"爸爸想都没想就表示不信。儿子把横切开的苹果往桌上一放，说爸爸你看。爸爸看后惊讶得张大了嘴巴。原来苹果里真有一个非常清晰的五角星图案（见图3-1）。爸爸不禁感叹，吃了这么多年的苹果，竟然没发现里面还有一颗星星。其实仅仅是换一种切法，我们就发现了一个美丽的秘密，难道不是吗？

图3-1　苹果里的五角星

第2课中讲到的横向关系里的分类清楚，是认识事物的第一步，我们先要找到其中的特征，然后根据这个特征确定分类标准，以促进理解和发现内在的关联，这是汇报/呈现得以清楚的前提条件。而主体结构设计则直接体现出你对事物的认知高度和深度。

一、找结构的三个衡量指标

指标一：选择最能体现你思想的结构

汇报 / 呈现不是单纯告知对方自己的工作开展情况，更多体现的是你的工作思路和管理思想，你要让决策者看到你的思想。

我们可以通过做一个分类练习来说明这个道理。请至少用三种分类方式对下面的事物进行分类：

榕树、冰淇淋、杯子、太阳、勺子、棒棒糖、松树、月亮、草莓、玫瑰、小草、南瓜、快乐、冰棍、手机、沮丧、苹果、筷子、茉莉花、愤怒、毛巾、星星

第一种分类最常规、最直接地将看到的内容进行了归纳（见图 3-2）。工作中应用这种毫无创新的汇报 / 呈现方式的人比比皆是。别人光看你的结构框架就已经失去兴趣，并进入一种思维定势，感觉你今天的汇报 / 呈现又会是老生常谈。而下面的两种分类方式体现出深思熟虑，对事物本身的认知更加深入了（当然，能想到按照颜色来分类，说明汇报 / 呈现者有颜色和情绪心理学的知识贮备）。工作中应用这种汇报 / 呈现结构，至少会让决策者觉得你对工作有思考，有独立的见解且对岗位的了解比较深入。当然，图 3-2 只提供了三种分类方式，仅作参考，大家还可以用其他方式来划分，比如按照字数多少分。

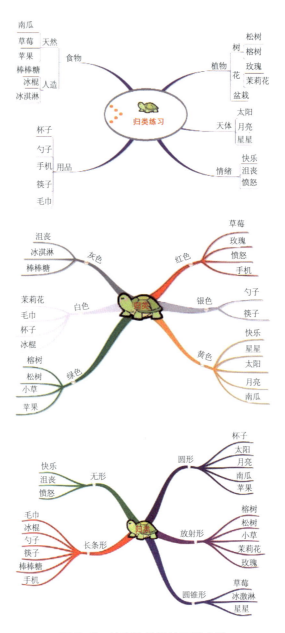

图 3-2　给事物分类的三种方法

图 3–3 是 ×× 公司物流改革方案，因篇幅所限，只列举其中一部分内容。那如何设计这个改革方案的汇报/呈现的主体结构？见图3–4。

图 3-3　XX 公司物流改革方案（部分修改采用）

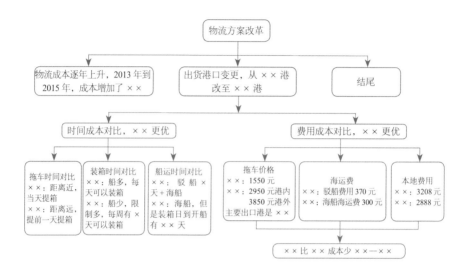

图3-4　XX公司物流改革方案（修改后）

因本次汇报/呈现主题为物流改革方案，这一提案的来由是物流成本逐年上升。有没有解决办法？时间成本、费用成本是考虑的一条线，拖车、装箱、船运运输方式是可以考虑的另一条线。怎样搭建结构，既能让表达清晰，不费劲，又能使观点、思路更突出呢？把这两条线的矩阵结构应用好，反复尝试信息摆放的位置，思路就清晰了。

你的思路越清晰，越能反映出对改革方案思考的透彻，决策者对你汇报/呈现内容的信服度也会大幅提高。

指标二：选择最符合听众逻辑的结构

符合听众逻辑的结构，并不一定要完整地反映事情的复杂性，能将汇报/呈现用四两拨千斤的方法展示出来也可以。

比如，你作为集团公司宣传部人员，要定期将公司发生的重大事件刊登在企业内部刊物上，因此就需要下面的子公司投稿，还要把开展活动、召开会议的现场图片发过来。而现实情况是，各子公司提交的照片不是放大后清晰度不够，就是拍摄角度不专业。为此，集团公司组织了一次交流学习，教大家如何做好企业摄影。

在定势逻辑思维模式下，你的教学也许会是这个逻辑结构：第一部分讲相机的基础，第二部分讲正确曝光，第三部分讲相机的操作，第四部分讲附件的运用，第五部分讲构图基础，第六部分讲一些实战案例……如果按照这样的逻辑结构去讲，恐怕大部分学习者都会觉得这是个很大的负担。他们一看到这个结构，估计脑袋都疼，因为要想掌握这些内容，需要少则十天半个月，多则三年五载。这无疑会使越来越多的人，对集团公司投稿望而却步。

其实我们只需用横切苹果的方法，就可以把原来所讲的内容，用另一种结构呈现，让它变得惊艳和通俗易懂，从而能直奔主题地达到"做好企业摄影"的目的——提交上来的照片达到刊登标准，并真正减轻学习者的负担。

那如何修改呢？比如可以根据摄影的具体场景来分成四大类：会议类摄影、人物类摄影、活动类摄影和特写类摄影。在讲会议摄影时，完全可以涉及相机的基础、相机的操作、相机的正确曝光、附件的应用和构图的基础等内容，只是这时候你的讲解要更加直接、重点要更加突出。比如你只需要把光圈怎么调、拍摄的角度怎么选取、怎么构图和光线有什么要求等具体细节直接告诉他们，他们就能掌握会议类场景中拍出符合标准的照片的技巧与方法。其他的场景也是同理。通过这个结构，你的讲述会非常干净利落，有针对性，他们学起来也会很容易。

图 3-5 是对华北乔木的介绍，估计介绍完，能记住的人会很少。

图 3-5　华北乔木介绍

图 3-6 是修改后的结构，更有规律，更符合听众认知，更加便于记忆。

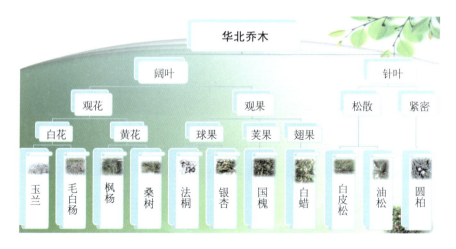

图 3-6　华北乔木介绍（修改后）

指标三：通过已有理论模型的结构类型推导结构

之所以把这项作为指标三，是不想让大家从此对某种方法产生依赖甚至完全复制。

如果在你对某个问题毫无头绪的时候，有人告诉你，这个问题可以用一个二维矩阵的结构来分析，你会发现找结构更加容易。有没有发现，在判定任务重要性的时候，我们的思维结构也是一个二维矩阵呢？

所以，掌握几种常见的思维结构类型，会帮助你在解决问题的时候更加容易地找到结构。我按照使用频率列了一些思维结构类型，有一些是非常常见的，如果你没有听过，可以网上搜索了解一下，以理解这些结构类型：

二维矩阵类：任务分析矩阵（紧急性、重要性）、波士顿矩阵（市场占有率、增长率）、安索夫矩阵（新/老产品、新/老市场）

流程类：产品价值链、客户生命周期

三要素类：3C 战略三角（Corporation 公司，Customer 顾客，Competition 竞争对手）、爱情三元论

利益相关方类：波特五力模型

二、结构的搭建流程

××来向你咨询职业选择的建议：他性格外向且聪慧，学的是工科，他刚刚毕业，拿到两个 Offer，一个是技术方面的，一个是销售方

面的。从纯理性的角度，你怎么帮他分析呢？

第一步，写下全部信息。

第二步，归类整理。

第三步，找出各组的规律，确定结构。

这些分组需要相互独立、完全穷尽。收入、性格、知识和经验
（表3-1），这三个要素符合相互独立的要求吗？是的，这是三个无关的
要素。但是，这三个要素完全穷尽了吗？没有。在技术和销售两个职
位之间做选择的时候，要考虑的除了性格，是不是还有沟通能力、谈
判能力等技能呢？另外，是不是还要考虑 ×× 自己的兴趣和爱好呢？

表 3-1　技术岗位与销售岗位比较（部分）

收入相关	性格相关	知识和经验相关
技术岗位的基本工资更高	他性格外向，喜欢与人交往，做销售可能更加适合他的个性	他学的是工科，具备做技术的基本知识
销售岗位的奖金更多		他没有营销的经验和知识，做销售的话，上手需要一定时间
做销售晋升更容易，晋升会伴随加薪		

所以，扩展一下，找出了这些组：收入、性格、能力、知识和经
验、爱好。这五个要素是否符合 MECE 分析法 ① 呢？好像穷尽得差不
多了，但似乎不独立了，因为性格跟爱好是相关的，而能力和知识好像

---

① MECE 分析法，是与枚举法类似的一种分析方法，全称 Mutually Exclusive Collectively
Exhaustive，中译名为"相互独立，完全穷尽"，由麦肯锡咨询公司第一位女性咨询顾问芭芭
拉·明托提出。

也很难分开。所以，把性格跟爱好组合在一起，将能力和知识组合在一起，变成：收入、性格 & 爱好、能力 & 知识 & 经验。但是这样的名字怪怪的。

进一步分析，你会发现，收入是在说能否赚钱养活自己，性格、爱好是在说是否感兴趣，能力、知识、经验是在说能否做得好。发现这点后，一切就清晰多了。

第四步，补充调整。比如，收入这块，除了考虑基本工资、奖金、加薪速度，是不是还要考虑其他因素，比如福利的差异等。

用这样的思路，你为他人做的职业选择分析，是不是让人清楚很多，脑子不再一团浆糊了呢?

三、结构顺序设计的两种类型

归纳型设计

归纳推理：从许多个别的事物中概括出一般概念性概念、原则或结论的推理方法。举例如下（图3-7）：

图 3-7　温州商人投资活动分析

我们在讲如何做好企业摄影时，用的就是归纳法，在对其前后调整的结构对比中，不难发现，所涉及的内容几乎都没有变，只是重新进行了分类组合，打造成一个全新的样子。在给学员做汇报/呈现辅导的时候，我通常做的第一件事就是帮他们确定所讲的内容，并重点帮他们梳理文章的结构，这样，接下来的汇报/呈现会变得更加清晰，更加精彩。

关于归纳型结构设计，有三种构建方式：第一种叫时间顺序构建方式，第二种叫重要性顺序构建方式，第三种叫结构顺序构建方式。

（1）时间顺序构建方式：我们如果要对某一个流程性的东西进行讲解，按照时间顺序肯定是更好的方法，严格按照第一步做什么、第二步做什么的顺序进行讲解，是不可逆的。比如说做菜，做菜肯定是结论先行，先告诉他，这盘菜长这样，第一步准备哪些菜，第二步干什么，第三步干什么，然后按制作顺序讲完这个过程。我们来看下面这则新闻是如何体现时间顺序的：

中国交通强国战略"三步走"（新闻稿）

2017 年 10 月 24 日，中国（湖南）国际轨道交通产业博览会暨高峰论坛在株洲开幕。中国铁道部原部长、中国工程院院士傅志寰发表了题为"关于交通强国战略的若干认识"的主旨演讲。建议中国分"三步走"实现交通强国战略，2045 年进入交通强国前列，成为全球交通治理体系的重要引领者。

傅志寰认为，中国交通强国发展战略既要借鉴国际经验，又要结合自身实际。

第一个阶段是到 2020 年进入新时代，从侧重提高运输能力过渡到侧重改善服务质量和效率；第二个阶段是到 2030 年进入交通强国行列，基本完成"一带一路"的交通服务网络建设；第三个阶段即 2045 年进入交通强国的前列，完成全球化交通服务网络的体系建设。

这一案例的阶段划分部分体现出时间顺序建构方式。企业内部的战略规划，也完全可以采用这种构建方式。

（2）重要性顺序构建方式：在表达内容时，要有一个先后着重，比如给领导推荐方案的时候，我们都知道不可能只给领导一个备选方案，可能是有很多种方案，这很多种方案不可能无序地传递给领导。我们通常有两种思路：第一种思路就是把自己认为最合理的、可行性最高的方案放在第一部分先讲，后面再跟上一个到两个方案，给领导作为备选。还有一种思路就是前面先讲两种自己不太推崇的、有一些缺陷和漏洞的方案，然后讲完备的方案，让领导看到对比之后，做出引导性的选择。

（3）结构顺序构建方式：最难的就是结构顺序构建方式，需要反复推敲，耗时耗力。我们就拿沟通来举例吧。

第一种结构顺序（图 3-8 左），向上向下及横向的跨部门沟通，这是一种分类方法，它是按照沟通的方向性来划分的。

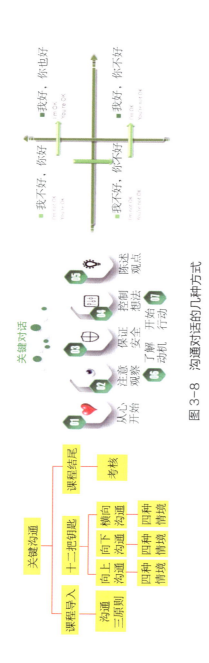

图 3-8　沟通对话的几种方式

第二种结构顺序（图3-8中），从关键沟通的角度，找到沟通当中七个关键节点，如果处理不好这些关键节点，就可能会引发口角，引来争执，从而让沟通不能顺畅进行。这个结构顺序较之第一种结构顺序，打破了沟通方向的壁垒，抓住了关键节点。

第三种结构顺序（图3-8右），就是四维沟通模型。比如，我们从人的潜意识里面，对对方的认知和自我的认知角度划分象限。第一个象限叫作"我好，你也好"；第二象限是"我不好，你好"；第三象限是"我不好，你不好"；第四象限是"我好，你不好"。

掌握了规律后，结构顺序不过就是一种模块游戏。至于选择哪一种结构构建方式，就要按照之前的两个指标去做判定了。

北京游玩攻略文案

夜游北京到底怎么玩？这些地方越晚越嗨！

不说工体、三里屯、后海、簋街，

光是北京的夜景就能分分钟镇住你！

而且！

北京有很多景点不仅白天看着壮观，

夜晚更是妩媚撩人！

越夜越撩人

以前遛弯儿我们去护城河，
穿过胡同儿去大街宽敞地儿，
今天小编带您去新的地方。

司马台长城

　　司马台长城是唯一可以夜游的长城！除了长城，还能眺望 ××的夜色。这不是"野长城"，上下缆车和步行道，让你轻 轻松松享受长城的夜色。司马台长城到了夜晚会换装成闪烁 的"巨龙"，跃跃欲试像要飞上天一样。

　　⋯⋯⋯⋯⋯

北京的夜晚不仅绚烂妖娆，而且文艺，

夜深人静时徜徉于书海之中，

沉浸在属于自己的"小世界"里，

别样的北京，别样的夜。

中国书店（雁翅楼）

地安门雁翅楼是北京中轴线上的知名景观，始建于 1420 年，位于地安门门楼左右两侧。黄琉璃瓦覆顶，建筑造型别致，远观好似大雁张开的一对翅膀，故此得名。雁翅楼原为清朝政府内务府满、蒙、汉三旗公署。

…………

越夜越嗨

如果美景已经看过，如果酒足饭饱，

如果你还有精力有待消磨！

那就来嗨吧！

北京的夜不缺点燃你激情的地方。

×× 街

购物天堂 ×× 对面的 ×× 街，是一条以西餐、酒吧为主的中高档餐饮文化街，被称为集美食、酒吧和艺术沙龙于一条街的"国际餐饮 Mall"。

这里汇集了 20 多家个性化的国际餐饮品牌店，韩式的福乐旺斯、日式的江户前寿司、泰式的粟库泰文化餐厅、大洋

洲的杰克西餐厅等，品种齐全，无不带着浓浓的异国情调。

…………

北京其实是一座不夜城，

一生如果要体验一次不眠，

来北京，古都与现代的魔幻交错，

一定是你此生独一无二的经历。

首先，越夜越撩人—越夜越文艺—越夜越嗨，这样的结构设计符合读者逻辑，充分考虑其特点。其次，如果是硬性广告，一般会从吃、住、行等方面来介绍，但那样的软文，写得太过直接，读者会失去阅读兴趣，采用太过平常的结构又会显得文艺范儿不足。上述游玩攻略文案这样的述说结构，将北京的壮观恢弘与妩媚撩人、古色古香与现代情调融合在一起，引发兴趣与广告效应的效果兼具。

不知道你们发现没有，在工作中，领导的概括总结能力都是非常强的，尤其是高层的领导，你们说完的话、做完的事，经他概括后，你都觉得自己的话价值倍增了。

如果你不会总结，PPT 就会呈现出这样的惨状（图 3–9）：

——DNA 分子复制对 DNA 作为遗传物质有何意义

- 在 DNA 分子复制时：1. 边解旋，边合成，边复旋，多个起始点同时进行，节省时间、效率高。2. 新 DNA 分子双链为"一母一子"。
- 复制更为精确，致使遗传信息更加稳定。
- 稳定的遗传信息从亲代传递给子代，从而使生物的前后代保持了一定的连续性。但是，这并不意味着复制时毫无差错，否则，自然界便没有了变异，生物界就不会向前发展。

图 3-9　流水账式总结

如果你会概括、提炼呢？ PPT 就是这样的（图 3-10）：

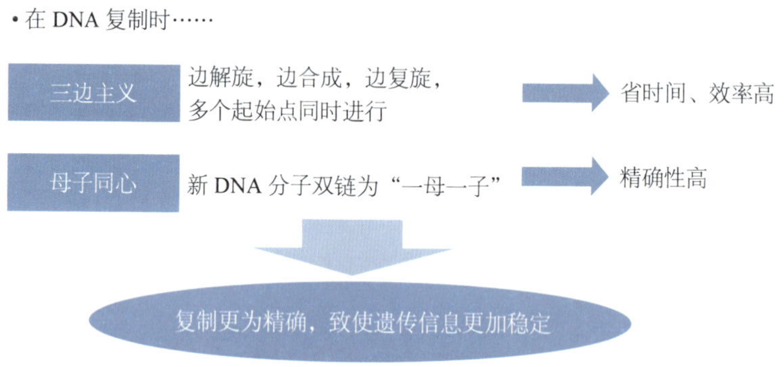

- 在 DNA 复制时……

三边主义　边解旋，边合成，边复旋，多个起始点同时进行　→　省时间、效率高

母子同心　新 DNA 分子双链为"一母一子"　→　精确性高

↓

复制更为精确，致使遗传信息更加稳定

图 3-10　凝炼的总结

在总结过程当中，我们要有这样的思想：主体结构，一定要体现文章的脉络和骨架，就是工作汇报 / 呈现的黑体字部分；通过看黑体字部分，就能知道文章主要的意思和核心观点是什么。为什么你的汇报 / 呈现年年岁岁如今朝，总是在说，"围绕这个我要讲：第一，市场；第二，人力；第三，研发"。因为你的汇报结构从来没有变过，乍一看，看不

出来这个月跟上个月讲的人力和市场有什么差别，除非非常仔细和留心去听，才能听出里面的蹊跷和不同。

图 3-11 展示的是低压触电急救流程。通过简单五个字，拉、切、挑、拽、垫，把复杂的低压触电急救常识简单化了，也更加易于记忆。专家与小白的分水岭也往往在于此。

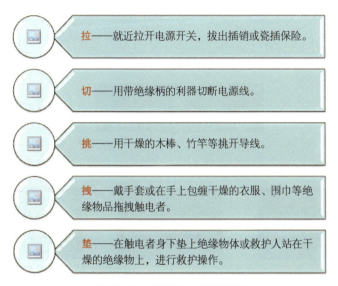

图 3-11　低压触电急救流程

分析型设计

什么叫分析型？比如说鸟会飞，百灵是一种鸟，所以百灵是会飞的。这种分析型的思路，在职场里面应用是比较多的。比如我们对一个问题的调研步骤是：提出问题—分析问题—解决问题。提出问题就是我们看到的现象是什么；分析问题就是分析现象产生的原因；解决问题就是给出方案，给出措施，给出方法。

工作中，结论性的汇报 / 呈现，其主结构（也就是一级结构）一定用归纳型结构。

最需要决策者了解的重点是措施，但你让他先听问题和原因（见图 3–12），这就对你的听众提出了很高的要求，如果必须记住全部问题和原因分析，才能判断措施是否合理，就浪费了彼此的时间，还收不到好的效果。另外，从主讲者的角度说，增加了表述的复杂性，分析原因不免提到问题，说措施时为了让对方清楚还得提到问题与原因。

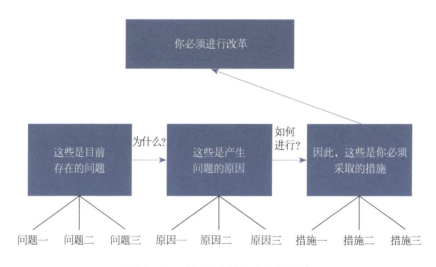

图 3-12　分析型方法解决问题思路

图 3-13 是修改后的结构，按照此结构，什么内容都没丢，只是结构变化了，但每讲一个措施，紧跟问题所在与原因分析，易于听众理解和跟进，效果能大大提升。

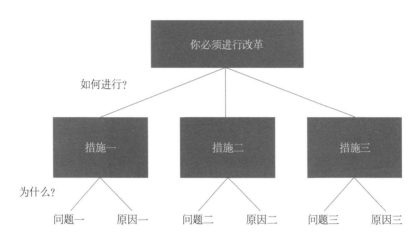

图 3-13　分析型方法解决问题思路（修改后）

本课学习要点：

一、结构的三个衡量指标

1. 选择最能体现你思想的结构

2. 选择最符合听众逻辑的结构

3. 通过已有理论模型的结构类型推导结构

二、结构的搭建流程

1. 写下全部信息

2. 归类整理

3. 找出各组规律，确定结构

4. 补充调整

三、结构顺序设计的两种类型

1. 归纳型设计

（1）归纳型结构设计的三种构建方式

（2）概括总结

2. 分析型设计

本课作业：见附录2

第 **4** 课

如何在头一分钟就掌控全场

在这一课中，我们来讲讲如何做好开头设计。

大家都知道盖房子先得有一个地基，地基牢固了，房子才能盖得稳固，才能盖得高。我们去说服别人做一件事，或者向别人汇报 / 呈现一项工作，对话开头其实就是"地基"。开头设计得好，对后面是至关重要的，好的开头能够瞬间 hold 住听众。

什么是好的开头呢？好的开头设计有完整的结构，具体包括有效介绍、注意力聚焦器和执行报告三个部分。

一、有效介绍

所谓有效介绍，就是介绍自己，说明自己的资历背景，提高听众的信服度。

在现实当中，很少有人乐于去谈论自己。但是如果在场的听众对你不熟悉，不知晓你的资历，由于这种信任感的缺失，在接下来的讲述中，要花很长时间才能让对方跟你熟悉起来。

另外，简短的自我介绍还会达到另一个目的，就是快速传递积极的情绪，建立跟听众之间的信任，方便你清晰地阐明今天讲述的目的。

因此，通过向听众做有效介绍来定位自己具有丰富经验的设计，在彰显自己对相关主题的权威性上，就显得非常重要了。

二、注意力聚焦器 ①

我们的任何一次汇报式发言，或者是讲话表达，就像是一场灭火。听众其实并没有义务坐在那里去听我们讲，如果我们在讲话的过程当中，反反复复，迟迟讲不到核心，不能很好地和听众建立一种联系，那么，接下来我们讲主体内容和核心内容的时候，就会失去很多的听众，也会让他们变得没有耐心。所以很多东西要靠汇报 / 呈现者的调动和带动，或者把听众心里对问题的兴趣点调动起来。

最综合的注意力聚焦器

我经常讲，表达思想其实一分钟就够了。我们应该学会什么呢？一分钟内讲出关键的句子，十秒钟内提出一个厉害的问题，一句话就

---

① 注意力聚焦器：能够引起他人关注的设计方法，被形象地称为注意力聚焦器。

能点出提案的内容。关键的问题来了，我们怎么才能够设置一个引人注目的注意力聚焦器？

先来看一个例子，关于苹果手机的定位功能。

中央电视台《新闻直播间》的女主播是这样来开场的：

> 下面我们关注个人信息安全的问题。使用智能手机的人，都对定位系统不陌生。如今很多软件都会借助这种定位功能，比如说在播放天气预报、进行导航，或为你提供服务的时候。眼下就有一款粉丝无数的智能手机，它的定位功能不仅能够让这家手机公司知道你的家庭住址、你的工作单位，甚至每天去哪儿，待了多长时间都会被精准地记录下来。你在手机上使用软件时所在的位置，也都会被精准地记录下来，即便关了这个功能，后台依然会把你的位置记录下来，并且传输给这家公司。这家公司要我们的这些信息资料干什么用呢？在搜集信息资料的背后，又有哪些我们不知道的内幕呢？今天，我们就一起来揭秘定位服务背后的秘密。

关于这段内容，我在课堂上跟学员进行交流的时候会问，如果你们作为观众，会不会换台？如果不换，为什么不换台？大多数的学员都选择不换台，他们表示对这一段信息很感兴趣。下面我们就来分析它聚焦点在哪里，它又是怎么唤起我们的兴趣点的。

我们要从形式和内容两个方面来看，先说内容。

内容要有关联性

一款粉丝无数的手机，实际所指大多数人都知道，首先就会吸引使用该品牌用户的关注度；其次，这种隐而不露的表达目的还在于扩大受众群体。即使你用的不是苹果手机，相信你也想看，因为它讲的是个人信息安全，讲的是定位服务系统，跟每一位正在使用智能手机的人都是息息相关的。因此，在讲话的过程当中，尤其在开场的时刻，要和听众之间建立一种关联性，而且还要创造与听众的普适性关联[①]。举例来说，如果本章题目为工作汇报，可能你会认为它仅仅适用于汇报工作，而实际上它是一种汇报式的呈现技巧，是可以发扬光大，用在除工作汇报／呈现场景之外的很多地方的，因此叫汇报式说话，这也就是告诉听众，今天我说的和你会有什么关系，只有说清楚，才能更好地吸引听众。

在课堂上，我经常听财务系统里的学员讲自己专业领域的内容，他们的讲解不是使用大量专业术语让人感到晦涩难懂，就是一大堆财务数据、报表让人雾里看花。可是有一次，一位财务系统的学员让全场学员对她的内容产生了浓厚的兴趣。在考虑到现场学员来自各业务口，多是非财务人员后，她便选择"新政策下的个人所得税"作为主题，一开口就抓住了大家的兴趣点，清楚阐释了个人所得税对每个人的重要性，以及未来政策的变化。所以一个内容的成功汇报／呈现的关键就是在听众和表达之间搭起一座桥梁。

---

① 普适性关联：话语让听众中的大多数有共鸣，内容尽量贴近大多数人的想法。

形式要用"挖痛式"

上述女主播开场时用简单的一段话讲解了苹果手机的定位功能，实际上这段内容，应用到了如下的八字模式：背景、冲突、疑问、回答。

"背景"实际上就是我们说的案例或者现象描述，比如提到这款手机有这么一个功能，你每天去哪儿，待了多长时间都会被精准地记录下来，即使你关上这个功能，后台依然会打开它……这可不是单纯为了描述现象而说，而是在表达中很好地展现了冲突，这个冲突是什么呢？就是听众关于这个话题的疑问、困惑，或者说挑战点。听众听到这个产品原来还有这么一个功能，瞬间就会感觉说到了自己某一个痛点、痛处，戳到了自己最想了解的点。我们把这种讲话方式，叫作"挖痛式"。

我们为了加强痛点，采用一系列的设问方式。例如：这些信息会被传输到哪儿？这家公司又要我们这些信息干吗？这背后又有什么样的意图？……这样不断地提问，不断地引发，让听众对此功能有一种焦虑情绪，甚至想想有些后怕，必然想详细了解。接下来再去讲述和表述这个定位系统到底是什么，别人才会有兴趣来听。

下面就是一个还不错的开场设计，大家可以结合"背景、冲突、疑问、回答"八字模式来分析一下。

进一步加强境外资产监管，确保境外资产安全

随着集团公司"走出去"的步伐不断加快，境外资产规模越来越大，国际经济形势的复杂多变，恐怖威胁、治安

恶化等社会问题也不断凸显，给我们境外资产的管理及安全带来诸多风险，也加大了管理难度；与此同时，国资委也加大了对中央企业境外资产的监管力度。我们应该如何进一步加强对境外资产的监管，确保境外资产的安全，防止资产损失？结合自己的专业，我提出以下几点建议……

最厚重的注意力聚焦器

最厚重的注意力聚焦器主要是通过故事、案例法呈现，且篇幅较长，要展开描述，如起因、经过和结果等细节。此种方法在宣讲性质的汇报／呈现中常见。

最具悬念的注意力聚焦器

最具悬念的注意力聚焦器通常是一系列反问、设问和疑问。比如下面这个例子，连用五个反问，形成冲击。更主要的是，她变陈述句为反问句，引发了听众的思考和兴趣。

蒙曼讲武则天（《百家讲坛》节选）

武则天可能是中国历史上最有影响力的女性了，为什么这么说呢？她啊，先后嫁了两个皇帝，也是一对父子，唐太宗和唐高宗；生了两个皇帝，也是一对兄弟，唐中宗和唐睿宗；同时她本人还是中国历史上独一无二的女皇帝。有关这个女人啊，那富有传奇色彩的一生，有好好多多的谜团，需要我们来一一揭开。比如说，她是怎么样从唐太宗的才人变成唐高宗的皇后啊？她为什么要突破人伦的底线，杀死自己的亲生儿子啊？她怎么能够在一个千百年来都由男人统治的世界里成为一代女皇啊？还有她的大周王朝如日中天，怎么会及身而止，不能传之后世啊？还有，她建立了武周王朝，为什么李唐的子孙始终对她尊奉有加，把她当作自己的皇帝啊？如今啊，所有的这些谜团，都已经成为咱们老百姓茶余饭后的谈资了，咱们议论着武则天的淫乱、狡作、狠辣，但是同时咱们也不得不佩服她的政治智慧和领导才干。那么今天的我们，应该怎么样来评价她如此丰富多彩的一生呢？今天我就来带领大家揭开有关武则天的所有谜团之中最初的那一个：她的出身是怎么样的？

最具可信度的注意力聚焦器

最具可信度的注意力聚焦器通常是通过数据图表、新闻报道、实物展示等方式，让听众更加直观地感觉到所讲内容，在提升信服度的同时集中注意力。

三、执行报告

在讲第三点之前，我们要给大家介绍一个跨越千年的演讲者，他有一套理论，说服过包括帝王与将相、客户与潜在客户、领袖与决策者在内的无数听众。这个人就是亚里士多德。他的理论有三个特点：

第一，可以让讲话者专注于内容的准备与交付过程，并保证整个过程有序进行。

第二，可以让听众感到舒服和有安全感，因为他们知道你接下来要讲什么内容。

第三，可以帮助听众记住你所讲的内容。当你告诉人们他们将要听到什么，讲述给他们听，并帮助他们总结他们所听到的内容时，他们就能更好地吸收那些信息并采取相应的行动。

为了能够让听众把握我们所讲内容的规律，同时能够让他们比较好地去选择自己想要听的内容，我们需要告诉他们，我们将要给他们讲什么。这个感觉就很像我们看《新闻联播》，播音员问好之后，下一句话就是"今天节目的主要内容有……"听完之后，我们就知道今天《新闻联播》的主要梗概，接下来就可以有目的地去倾听了。在我们表达的过程当中，当然也可以用这种预告的方式，带来最好的效果，让现场的观众取得最大化的收益。

加强对项目沟通管理工作的思考（部分引用学员发言）

大家好，我是项目管理部的××，能有机会在这里发言我感到非常荣幸。先做一下简单的背景介绍（有效介绍，介绍自己的资历、背景）：我从事项目管理工作……我见证并经历过公司级项目如……目前，有些项目在实施和管理中，沟通工作显得比较薄弱，主要表现在：一是沟通工作未有效开展，二是沟通方式简单，三是沟通能力欠佳。特别是在征迁、变更索赔、经济纠纷、重大事项等方面遇到问题时，未能通过有效沟通解决问题，消除不利影响，未能维护好自身正当利益和诉求，却采取停工、闹访、老赖等简单粗暴的方式，给公司信誉带来恶劣影响。针对以上问题，按照董事长讲话精神和能力模型要求，必须加强沟通协调。为此，拟提出以下措施和建议（最综合的注意力聚焦器）：

（1）要提高认识，更加重视沟通工作。

（2）要创新沟通方式，建立健全沟通机制。

（3）加强沟通能力和人才培养能力，提高沟通水平（执行报告，让听众有准备、有选择地听）……

本课学习要点：

一、开场设计结构

有效介绍、注意力聚集器、执行报告

二、注意力聚焦器的形式

最厚重的注意力聚焦器、最具悬念的注意力聚焦器、最具可信度的注意力聚焦器

三、最综合的注意力聚焦器

背景、冲突、疑问、回答

第 5 课
黄金三句，为你的表达画龙点睛

这一课我们来讲如何设计结尾。有的人可能会说，我前面已经讲了很多了，到了结尾这个部分，还要准备什么吗？或者有必要准备吗？大多数人可能在职场当中都是这么做的，以"以上就是关于什么什么的报告"，或者更干脆，以"没有了""结束了"这样的说法来结束他们的讲话。

结尾设计就像盖房子的封顶一样，如果顶层结构不理想，那这栋房子就不算真正意义上的竣工。结尾起到的最主要的两个作用：一个叫查缺补漏，也就是如果前面没有讲好，那么到结尾时，可以适当总结、提炼，做一些弥补；一个叫锦上添花，也就是即使前面讲得很好，到了结尾，你如果可以做一下升华，就可以将主题推到一个新高度。

结尾实际上就是在告诉听众，今天你到底讲了些什么，你实际上是在帮听众做总结回忆。这个感觉就像你抓着一把珠子，可能每一颗都是珍珠。你在讲主体部分内容的时候，是把这把珠子一颗一颗撒向听众的。你非常期待听众能被这些珠子击中，并觉得它们确实是珍珠，非常有价值，非常有意义。可是，你会发现，珠子是圆的，即使当时砸中了听众，它也很快就滚落到地上了。所以你要做一个动作，就是把这些珠子从地上捡起来，再告诉听众：你回头再来看一看，这就是今天的讲解击中你内心的最重要的内容。

结尾一定要有，而且不光有，还得要完整、完备，尤其是在职场当中。在演讲和演说中，我们有的时候可以不那么严格，但是在职场当中一定要对自己严格。因为职场当中的讲话，本来就是试图让别人对你整个讲述内容印象深刻的，比照着这个前提，做出更多输出，比如做决策，比如对下一步工作做指导等。所以一定要有"黄金三句"这样一个设计理念。"黄金三句"并不是只说三句话，而是说要表达出三个层面的意思。

一、承接句：承上启下做提示（三型）

第一个层面，叫作承接句，就是主体部分和结尾连接的句子。我们将承接句分成三型：

第一种叫迷你型。此类型很常见，句式很短小，比如"总之""综上所述""一言以蔽之"这样的话，相信大家深有体会。因为在职场里，一听到领导或者同事的发言说到这些词的时候，我估计你萎靡不振的眼神马上就会熠熠发光，因为你知道他的讲话要结束了，今天的会议也要结束了。

第二种是朴素型。这个朴素型承接句也比较多见，比如说"以上就是 2017 年关于 ××× 的一个报告"，很清晰地把要点点出来，我们把这种不加太多修饰的承接句叫作朴素型承接句。

第三种承接句，我们称之为艺术型承接句。有时候我们会发觉，其实在讲话当中，我们也是需要一点文艺气息的，需要引经据典、旁征博引的，所以在很多讲话结束之前，我们可以采用这样一种方式作为承接。比如，一家企业克服了种种困难，未来还要不断地迎接挑战的时候，大领导上台讲话，通常在结语的部分，就会用"雄关漫道真如铁，而今迈步从头越"这样的句子做结尾。这种结尾，不光能够鼓舞大家的气势，而且也能抒发自己的情怀，甚至体现出发言者的文化素养。

二、中心句：核心内容来回顾（四式）

第二个层面，是中心句。这个中心句就相当于前面我们提到的主体部分，只不过它是结语里的主体。我们将中心句分成四式：第一式叫作总结式。起到的作用就是上文说的，把珍珠捡起来告诉别人，你都讲了几颗珍珠，或者讲了几种类型的珍珠，也就是会总结、会概括。如果你的水平比较高，就不用单纯重复之前提炼的要点，而可以从另一个维度和层面去进行概括。比如要想解决"过劳死"的问题，要有"三刀",第一刀切断它的观念链,第二刀切断它的管理链,第三刀切断它的代价链。到最后总结的时候,你并不需要把这"三刀"复述一遍,可以换一种说法,比如说第一点不能急功近利,第二点是工作、生活要分开,第三点要提高过劳成本,主要是企业的成本。就是说,总结也得讲方法。

我们在职场里面能发现很多没有表达欲望的人,经常呈现出来的状态是这样的:比如说在开会,领导问到他们意见的时候,他们经常说,"嗯,我没有什么意见了";或者说,"嗯,大家说得都挺好的,我基本上也是这些想法";或者说,"其实我的想法别人都说到了,我没有什么新的想法"。久而久之,也就没有人去问他们意见了。在领导眼里,这就是没有想法的人、人云亦云的人,他还能对这些人委以重任吗?这些人还有更多的出头之日吗?他们就真的只能当老黄牛了。因此,领导问你想法的时候,我建议你勇敢地站出来,发表自己的意见,哪怕别人已经把你的想法说了,你也可以换一种方式来解读,或者干脆用结构搭建方法,把前面人所说的内容重新构建,重新组织,变成自己的思路,来个大总结,扎扎实实提高自己的能见度,大胆地发出自己的声音。

第二式,叫作升华式。其实升华式就是一种以小见大的方式,我可以把一件事上升到某个高度,也就是将一些个性的东西变成共性的东西,将一些低层次的东西升级为高层次的东西。

比如我之前在企业授课时的一个学员,上台讲的是他们露天煤矿2017 年上半年创收情况的报告。他讲到了提质增效,讲到了节能降耗,讲到了创新创效，整个报告结构清晰，一气呵成，结尾时也对所讲内容进行了总结。他讲完这些内容之后，其实可以用一句话将这家企业一年来所做的工作升华到一个高度，比如"所有的一切都是为了实现'产煤不见煤，蓝天白云飞'这个绿色环保的愿望""在优化我们自己职工生活区域的环境，同时也是在保护环境"这样的句子，顺势体现出做公益性企业的大情怀。这就是升华式中心句。

还有两种方式：一种叫决心式，一种叫号召式。这两种方式也很好理解，比如说我们做述职报告，最后要表达一下自己对未来这个工作岗位的一些规划和决心，这时候要用的就是表决心式的语言，通常对上用得比较多。号召式一般对下用得比较多，比如领导讲话，表达对下属的一种期望时，可以通过号召的方法。

总结式、升华式、决心式和号召式这四式，既可以单独使用，也可以打一个组合拳使用。比如讲完总结式，可以表一下决心；也可以讲完总结式，升华一下，最后再号召一下。

三、结束句：以表示感谢为收尾

最后一个层面就是结束句了。通常是我们表达一些感谢、感恩、感激等方面的内容。

通过"黄金三句"，大家达到的目的就是在结尾能有一个比较好的概括，把关键点进行集中回顾，让听众能够更清楚你所讲的内容。

××公司领导在年会上的致辞

尊敬的各位同人，女士们、先生们：

新年伊始，万象更新，又一个生机勃发的春天向我们走来。凭借着大家的热心、爱护和培育，走到今天，我们的集团已初具规模。今天，我们欢聚一堂，共庆丰收的喜悦！首先，我向来参加年会的各位嘉宾表示衷心的感谢与热烈的欢迎！其次，向忠于职守、辛勤工作的全体同人及长期在幕后默默奉献的所有家属致以崇高的敬意和由衷的感谢，祝大家在新的一年里身体健康、阖家幸福、事业有成、大展宏图！

在过去的一年里，××人不畏艰辛，勇于拼搏。在欧美债务危机和我国政府加强对房地产调控的经济背景下，××感慨很深，我们饱受出口订单的减少，欧元的贬值，人民币升值的压力，又经受国内房地产调控后给木材业所带来的压力及货币政策紧缩给我们所带来的种种压力。但是××人没有被各种压力击退，而是紧紧抓住市场发展机遇，在强大压力的基础上，加强企业管理，杜绝浪费并在巩固和发展原有产业的基础上，不断开拓新的领域，进行创新。如××置业公司的成功收购和××国际精品馆的火热招商，以及××有限公司与×××股份有限公司紧密合作的战略定位，这些都给我们××集团未来发展增加了强劲的动力，

同时也提升了 ×× 的市场竞争力。

所有这些成绩和荣誉的获得是 ×× 全体同人爱岗敬业、辛勤付出和在座来宾一直以来支持和关心的结果。俗话说：饮水思源，知恩图报。在这里，我不仅要感谢辛勤工作的员工朋友们；还要感谢长期以来支持和关心 ×× 发展的好朋友们、兄弟们、领导们，以及默默无闻在我们背后付出艰辛的家属们，也要感谢木业界的出色的老总们。是因为有了你们的支持和关心，×× 才能取得现在的辉煌成就。谢谢，谢谢你们！

今天的业绩是明天的起点。当前，×× 公司正处在快速发展的关键时期，形势虽然喜人，但是也颇具挑战性。今年的中小企业融资难、贷款难、资金回笼难，三大难题，也给我们带来了很多新的挑战。所以，当前我严格要求 ×× 经营层的高管们，你们每人必须保持非常清醒的头脑，并深深意识到今年新的环境对我们公司经营业绩所带来的影响。我希望 ×× 的经营高层们、财务大臣们更要有忧患意识、危机意识、成本意识、风险意识、创新意识。在此，我更要要求 ×× 人人都要有紧迫感，人人都要有节俭开支、杜绝浪费，发扬吃苦耐劳与公司同舟共济的精神；同时也要求公司高层要不断提高自身的管理能力、创新能力，以及提升公司竞争的核心力。这样我们 ×× 集团才能够在激烈的市场竞争中，立于不败的地位，并渡过各种难关，从而在不确定的经济形势中稳健地发展。

"雄关漫道真如铁，而今迈步从头越"，面对××××年的巨大挑战，我们要一如既往、信心倍增，激情满怀；"金戈铁马闻征鼓，只争朝夕启新程"，我深信在未来的征程中，我们必将所向披靡，满载而归。××××年的××必将带来无数惊喜。未来属于××，我们必将开拓出一条具有××特色的成功创业之路！

最后，请允许我再一次祝愿到场的各位新春愉快、幸福安康，祝愿××蒸蒸日上、宏图大展！

谢谢大家！

表达结构（开场、主体、结尾）用图象化表达，可以呈现为一个"表达6G模型"（关注、观点、概括、关联性、关心说、关键点），如图5-1所示。

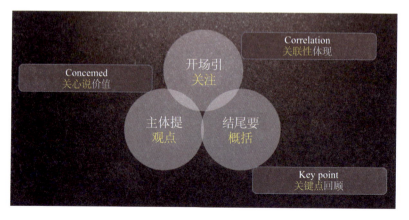

图5-1 表达的"6G模型"

开场的功能就是要引起关注，重点是向听众说清楚所讲的内容和他们的关联性是什么样的。

主体的功能就是提出观点，重点针对听众关心的内容、困惑点进行解答。

结尾的功能就是要提炼概括，重点是把讲的内容用关键点的方法进行回顾。

本课学习要点：

一、黄金三句：承接句、中心句、结束句

二、承接句的三型：迷你型、朴素型、艺术型

三、中心句的四式：总结式、升华式、决心式、号召式

第 6 课
抓住汇报时机，把握汇报语言

　　这一课跟大家聊一聊汇报的时机和语言特点的问题。汇报式的讲话就像盖房子，需要打地基，做结构，封顶。但是，我们除了做上述内容之外，还得选择合适的时机去建造房子，而且房子还得有特点，只有这样，房子才能卖一个好价格。讲话的时候，时机不对，也不注意针对讲话的对象重点讲对方感兴趣的点，就会导致讲话的效果不好，结果肯定会受到影响。

一、汇报的时机

汇报时间节点分析

　　你是否碰到过这样的问题：同样是做一件事情，为什么你去向老板汇报工作的时候，他的反应是，这种小事儿不需要跟他啰唆，你自已去做吧；可是轮到同事汇报的时候，老板就说，很好，这样的细节都能关注得到，想得很细致。或者这样的情况：因为事先没有向老板汇报，事情没办好，就会被老板骂得狗血淋头，问自己为什么不请示，自作主张的后果让你自己承担；而如果换成同事的话，老板就会说，好吧，先按照你的想法来试试看。

遇到类似这样事情的时候，请先别抱怨你的老板偏心，你应该先检讨一下自己汇报工作的时机对不对。比如，小 A 和小 B 两个人同时入职市场部，一段时间之后，小 A 就颇受上司赏识，而小 B 每天都在扮演一个苦哈哈的、不讨老板喜欢的角色，默默地干着自己的工作。经过小 B 观察，他发现他跟小 A 对问题重要性的判断，对发生状况以后及时汇报给出建设性的建议，在各种工作能力上没有什么太大的差别，那问题到底出在哪儿呢？他开始进一步反思。

小 B 觉得自己工作很认真，在工作中无论遇到什么样的突发事情，都会在第一时间去找领导汇报，哪怕已经下班，领导已经穿上外套，一只脚要踏出单位大门的时候，他也会把领导拖住。因为他生怕时间晚一点，会给公司造成进一步的损失，他承担不起。但是他发现小 A 不总是这样，小 A 有时候会和他一样着急，但是大多数时候都是一种不愠不火、晚一步行事的状态，看起来总是很冷静。他还观察到，小 A 长期以来，特别喜欢在早晨十点多钟的时候去敲领导办公室的门。这是一个很有意思的现象。

其实看到这里，相信大多数人已经明白了小 B 的问题，那就是他不懂得把握时机。

说话办事时机很重要。"时"除了指某种时候之外，主要是在指适当的时候。就像孔子所说的"不时不食"，就是不是适当的时间你就不吃。汇报工作也同样要注意合适的时机。汇报的时机对了，即使你做错了事情，领导也会宽宏大量，甚至褒奖有加；如果时机不对，明明你劳苦功高，领导也可能对你不屑一顾。所以我们千万不要忽略了小 A 的那个"十点多钟"。

一般这个时间，领导刚处理完一些紧急的重要事务，可以腾出空来喝杯茶，伸伸懒腰，休息一下，相对来说比较空，心情也比较放松。而下班前后，领导已经忙碌了一天，他身心疲惫，或者有一些重要的会议要参加，这时候找领导，肯定不受欢迎，也肯定会直接影响办事效率。

从汇报的时机来讲，我们先按照事情发展的先后顺序来分，汇报时间点无外乎就是事前、事中、事后。事前阶段，我们做好一个工作计划的时候，就应该去向领导做汇报了，这种汇报其实是一种请示，是让领导来做决策、决断的，所以这个时候的汇报，更重要的是要讲清楚理由。这种理由一定是客观的、事实存在的，是以对方角度为前提的。

在工作进行的过程中，这个阶段的汇报又分成几种类型。第一种类型是告知性质的，也就是一种交付式的汇报，就是让领导知道工作进展到什么程度了，即要让领导在一些重要的节点了解和掌握事情的完成及推进情况。（见附录 3）第二种类型就是在工作当中，可能出现了一些意外，或者碰到了一些要做超出权限的决策的时候，可以做请示的汇报，希望寻求一定的支持和帮助。这个时候我们汇报的重点是要讲清楚问题，讲清楚需要支持的方面，甚至于要给出一定的解决办法，以便让领导更好地做出决策。

中间阶段的汇报，最让人头疼的可能是"我出错了，我怎么样汇报这件事情"，也可能是表达了一个有争议的观点。这个争议，有可能错不在自己，而在于整个决策，或者是上层领导在下达指令的时候出了错误，这种情况下应该怎么汇报，怎么及时把看到的这些问题解决。关于这部分内容，我们会在下篇重点讲述。

工作完成以后，我们要做一些及时性的汇报。这时候的汇报，是一种总结、报告性质的汇报。对于项目里好的内容，我们要以重点总结的方式提炼和传承下去；而在整个项目中出现的问题和意外之处，要以承认并提出整改的方式来呈现，以便在未来做出更好的改进。

一件工作的整个流程，在事前、事中、事后的一些关键节点上，一定要跟领导沟通和交流，抓住机会增进与领导的沟通。

每周汇报时机分析

在一周之内，我们是否也能根据一些生理的规律来行事，来找到恰当的汇报时机呢？其实在医学界一直普遍流传着一种人体循环的七日节律的说法，意思就是说生命的过程有七天重复的周期。比如说周一这一天能力最弱，表现为精神欠佳，情绪比较低落，意志消沉，心绪不宁，之后会逐渐地恢复，精力充沛，情绪也变得乐观，思维也很敏捷。到了下周一，又会走向衰退……我们可以一起来找一下这其中的规律。

周一。我们把周一定义成工作成堆、非诚勿扰的一天。有数据表明，42%的职场人士不希望自己在周一被打扰，如果你在周一去拜访客户，或者去找老板谈判，往往会碰一鼻子灰。周一也是很多单位抽出时间开会的日子，大家一般在这个时候是比较忙的。

周二，我们把它定义成汇报计划的好时间。经过一天的适应，到了周二，领导和你都进入了工作状态，积压的工作在经历了周一的紧张忙碌之后处理得差不多了，开始考虑安排本周的工作计划，他也有闲心来考虑上传下达的指令完成的情况，所以周二工作效率最高，产出最大。而且理论研究还表明，周二上午的十点到中午这段时间，人的头脑是最好使的，所以从各方面来讲，周二都是汇报工作的好时机。

周三叫作"超人总动员，领导心很烦"。我们通过对150名受访者进行调查研究，发现受访者一周七天的中间段，更容易对实际的问题感到焦虑和担心。到了周三我们要接受的信息变多了，就会造成一种信息的焦虑，所以在这一天里，如果你要找领导去沟通，千万要注意说话的语气，思路要清晰，千万别混乱。但也有研究表明，在周三，人的精力是最旺盛的，思路是最活跃、最有创造性的，所以这一天大家可以找领导商谈一些新的企划案。

周四，我们把它定义为"黎明前的黑暗，领导易妥协"。在经过了前三天高效率的工作、高强度的加班之后，领导和你一样，其实已经身心疲惫了，他的生理和心理都受到了挑战，所以周四将成为效率最为低下的一天，因此有人说这是"黎明前的黑暗"。这就好比熬夜的人，凌晨四五点往往是最难熬的时候，但是如果跨过了这道坎儿，便也就"海阔天空"了。所以在周四的时候，人的顺从性最高，最好说话，比较通融，这个时候你去找领导，他向你妥协的可能性最高。

周五，最奇妙的沟通时机来了。大家不妨留意一下，这一天里，你完成的工作，在数量、质量上，是否都比平时要高？一些在平时看起来有些头痛，甚至棘手的事情，在这一天里你会觉得比较简单，比较容易。如果你是个最不情愿加班的人，也会不自觉地工作到过了点，电话响铃之类的声音才会把你唤醒，然后你还会惊叹，时间过得还挺快的。其实领导也跟你一样，这是他一周中心情最好的日子了，所以周五这一天，是一周事一周清最好的时机，一些一周之内纠缠不清的事情在这个时候可以来一个了断了。所以周五是你纠缠领导，接近他的最佳时间。当然，我们说的只是一般规律，具体的情形还需要灵活掌握。

二、汇报的语言特点

汇报其实是一个向上的过程，是跟上级领导的一种沟通和交流。在这种场景下，你必须要掌握这些上级领导思维的特点和他们的语言习惯。前面我们讲到了一个重要的特性叫结论先行，因为领导更希望听到你在汇报时候的一种逻辑，以及以结果为导向的说话方式。所以跟高层领导沟通交流，你的逻辑条理性一定要强。与领导沟通的语言需呈现下面四个特点：

第一，你要更多地说明自己是如何说，如何做的。汇报式的讲话实际上更多凸显的是你的一种思想，它体现的是你工作和管理的思路。

第二，目标感要强，所以才有结论先行，在每一个讲解的部分里都要突出结论和结果。

第三，汇报要富有说服力，所以当我们建议领导去采纳某一些建议，或者是做出某一些决策的时候，可以用引导式的讲话方式，这就需要一些能讲到他心里面的技术，这不是在逻辑层面就能做到的。

第四，要细分化。什么叫细分化？就是当我们去跟领导表述一件事情的时候，要把所有人的责任都摘干净，这件事情做好了是别人的功劳，做不好，那都是我的责任。在语言表达方式上，要突出的是我这个个体的想法。

本课学习要点：

一、汇报的时机

　　1. 汇报时间节点分析

　　2. 每周汇报时机分析

二、汇报的语言特点

　　1. 要更多地说明自己是如何说，如何做的

　　2. 目标感要强

　　3. 汇报要富有说服力

　　4. 要细分化

中篇

情绪融通——他山之石，可以攻玉

hi...

除了语言本身，我们的表达还要借助身体其他部分、外部媒体工具等来增加感染力。本篇将介绍演讲姿态、语言情感、呈现媒介等方面的内容，让你的表达效果加成。

第 7 课
仪态站位：如何借用体态语言"说话"

大家都知道，尽管我们的表达是通过文字和语言进行传递的，但让人着迷难忘的信息往往是由非语言的形式承载并呈现出来的。比如领导人在讲话时，用强有力的手势，传递出权威的气势，如抿嘴闭眼的神态可以看出一个人在极力抑制自己的负面情绪，无奈与压力不言而喻。所以说，说话方式的表现力几乎总是强于所说的内容。在这一课当中，我们就跟大家一起探讨如何调动身体，把它作为表达的利器，使身体语言如同文字那样富有说服力与影响力。

一、法则一：身份契合

在不同场合，结合你的身份特点适时展现出所在的阶层相应的体态语言，会让你的表达如虎添翼，即做到"身份契合"。

有人觉得自己不用整天在讲台上讲话，所以体态语言对他来说不重要。但是所有的体态语言都是要讲究"身份契合"这四个字的，你是什么身份，就应该有和这个身份匹配的体态语言。

严谨的体态语言——稳健与深藏不露

通常来说，一个企业的一把手的面部表情相对严肃，手势动作单一，没有过多展现。为什么会这样？

打牌时，玩家都极力想隐瞒自己手中的纸牌和自己要采取的策略。这需要掌握不动声色的能力，这样其他的玩家就不知道你拿的是一手烂牌还是同花顺，保持严肃的表情，也就保持了一种高深莫测的姿态。同样地，当企业的一把手面对各种媒体问题时，你觉得他会轻易地把自己的想法，通过面部表情表现出来吗？这时候严谨的体态语言，并不复杂的手势，会散发出稳健、坚毅的气质。

所以当你向面无表情的大领导汇报工作的时候，不要总是紧张，担心自己讲得不好或者不对。领导没有体态回应，是因为他的位置决定了他不能过多地把心情表现出来。我相信，当他和家人在一起的时候，家人一定可以看到他面带笑容且满眼充满关心关爱的样子。因为角色变了，他的体态语言也就跟着变了，这样说大家是不是就更好理解了呢？

亲和的体态语言——亲切与柔中带刚

从一个管理层的角度来讲，一把手用强势管理，跟他搭班子的二把手就得用柔性管理、怀柔政策，不能两个领导都强势，两个人都板着脸。所以我们看到二把手通常给大家留下的印象都是很亲切的、很亲和的，可以看到他的表情笑容会更多一些，手势也会更柔和更丰富一些。

霸气的体态语言——张力与提升感召

我们再来看一些公众人物。网络上有许多照片，大家仔细观察会发现，公众人物在表达自己的观点时，想让更多的人信服他，在演讲时手势动作都在不遗余力地表达自己对某一个观点的确信，对某一个事件的呼吁，在自己讲话时候的音量上做一些着重强调；同时，他的手势动作会起到配合协调的作用，将霸气与权威很好地表现出来。

二、法则二：支配与屈从

如果一张照片里有两个人，一个人身体笔直而僵硬地站在那里，小心翼翼地把双手置于身体两侧，脚跟紧靠，不敢造次。而另一个人则是两脚开立，挺着肚子，把手置于髋上。你看完之后会有什么感觉？前者是一种类型的屈从性体态，而后者这种雄纠纠气昂昂的站姿，占地面积比较大，手势动作比较开阔，是典型的支配性身体语言。在讲话和演讲的过程当中，这样的身体语言更会让听众感觉到你身上的能量，你的话语对他的影响力。

如果你想拥有控场能力和强大气场，要具有支配性体态。下面我介绍五个强大的体态语言工具，分别是：眼神的交流、面部表情、手势、身法、体态姿势。

顾盼生辉的眼法

屈从型黑猩猩遇到支配型黑猩猩时，要压低身体、移开眼光，有时还要展示后背，摆出讨好的姿势。屈从型黑猩猩之所以要转移目光，是因为凝视支配型黑猩猩可能会招致对方的攻击。在人类社会中我们也会发现，第一次相遇，那个不主动避开别人目光的人很可能更健谈，更有影响力。支配型人物在说话时目视别人花费的时间，通常会多于他们在倾听时目视别人花费的时间。因此在表达时，要用好眼神这个连接听众和演讲者的纽带。

（1）紧张不敢看别人的眼睛怎么办？

很多人说讲话时不敢看台下，下面人注视的眼神使他紧张。其实没关系，上台之后你可以做这样一件事情：寻找友善的目光。不可能所有的人看起来都让你感觉很恐慌，所以你上台的时候，可以先找那个善意的目光，找那个会微笑、会对你点头的人，这样你在讲话的时候也能够放松很多，能够找到一对一私下沟通的舒适感。

但是我要提示一点，你别看人家和善就一直看着，不要逮着一只羊"薅毛"，你把人家"薅"烦了，人家可能也就不看你了，你就又紧张了。所以还要学会快速地过渡。

（2）眼神交流中的定视与动视指的是什么？

其实在表达的过程当中，每一个听众都希望自己被重视，希望表达者在跟他交流。现在都提倡脱稿讲话，脱稿讲话其实就是让你去讲跟在场听众有关系的语言，不是读完稿子就万事大吉。你读稿子的时候是很流畅爽快，但当你抬眼一看时，下面真正在听的人又有多少呢？你如果不是在跟他交流他为什么要看你？你要通过眼神的交流告诉听众，你对他们是感兴趣的，此时眼神起到的是一个控制器的作用，你可以通过这个控制器去影响听众的注意力和专注程度。这种"控制器"又分为定视和动视。

什么叫定视？定视其实就是看着一个人。这个人要么是在开场给你带来舒缓情绪的那个人，要么就是这个项目的关键决策者，一定要去跟他交流。这符合表达过程中个体交流的特点。也就是说，即使你在面对着一百个人演讲，在每个听众心中也是在跟他单独谈话，只是碰巧房间里有其他的九十九个人而已。

定视的时候，不要蜻蜓点水地看，不要躲闪，不要低着头稍微瞟人家一眼就快速移开目光，也不要根本就不看或者是向下看，向天花板看。这些目光接触都是不符合支配性体态语言的，那会表明你实际上心里是恐惧的，你的恐惧听众也一定能感觉到。

那什么叫动视？你不能只看一个人，即不要逮着一只羊"薅毛"。这时候你可以怎么办？分区域。比如把看到的整个场景分为前、中、后或者左、中、右三个区，看的时候看到这一个区，就把这些人都兼顾了。这样分区，在跟大家交流的过程中，你会发现自己hold住全场的能力是比较强的。

著名京剧表演艺术家梅兰芳先生通过盯着北京上空的鸽子练习眼

神，我们也可以通过以下方法练习眼神的灵活性：手握一支签字笔，放置于眼前 50 厘米左右，缓慢地从左至右移动签字笔，直至视线的极限位置，保持头不动，眼神移动即可。长期的练习，会使你的眼神更加灵活，会说话。

（3）表达时眼神落在哪里合适？

当距离比较近的时候，我们可以以对方的双眼为一条平衡线，鼻尖为一个点，将眼神落在这样的一个区间来跟他进行交流，也可以是头到肩的三角区间，而不必非得是四目相对（见图 7-1）。当房间比较大，听众比较多的时候，按照这种分区方式，你可以看这个区域当中的某几个核心人物，实际上你就是在跟他们进行一些快速的沟通和交流。

图 7-1　眼神落点的三角区间

当你不以物喜，不以己悲，不因为面前的这个人比你资历老或者年龄长而不敢跟他进行交流，别人也就更有理由确信你所讲内容。从这个角度讲也要学会眼神的交流。

（4）眼睛的运动为什么要缓慢而平稳？

试想企业中的一把手或高管，仪容威严，每当移动身体或说话时能静就静，能省就省，时不时动的只有眼睛；有人说话时，他不是立即做出反应和动作，而是听了一会儿之后，才慢慢地把头部和眼睛转向那人。这有没有很像电影中的慢镜头？因为有支配性体态的人物要自信得多，松弛是支配性的本质特征，表现在眼睛的运动上往往是平稳安详、从容不迫的。缓慢一瞥才是一位说话者应有的自信。

深入骨髓的表情

人的五种感官（视觉、嗅觉、听觉、味觉和触觉）大都集中在面部，或接近于面部。面部以两种方式传达支配性信号。第一种方式是借助面部特征，例如，眼睛是大还是小，下巴是方还是圆。第二种方式是借助于面部动作，例如，眼睛瞪大或眯起，眼眉升或降。面部特征可能持续大半生，而面部动作则可以瞬息万变。

（1）什么样的表情特征更具支配性？

眼眉长得很低或压低眼眉的人，看上去更具支配性；

小眼睛或者眯起眼睛，更有支配性；

长着大下巴的人通常被视为更有支配性；

微笑是支配型人物的心爱之物（不适合女性），反之，如果你想要表现柔和、亲切，面部动作就要淡化这些棱角。

（2）友好的体态有什么特征？

政治家们常常表现出亲切友好的样子，试图以此淡化外界对自己的攻击。比如，里根的微笑通常与那些总把笑容局限于嘴部的政治家不同，他的微笑经常延至眼角（真正的笑一定是眼睛在笑）。每当他想表现自己的和气和随意时，就会抬着头，苦着脸，展现出这种似笑非笑的惹人怜爱状，效果一定很好。而下颚微笑也能让政治家看起来生动有趣，不具威胁性。

（3）表情怎么训练？

在授课过程中，我发现很多人讲话都是没有表情的，自始至终就一个样。我的建议是通过专门的表情训练来改变。比如，没事儿对着镜子练一下笑的不同阶段：笑不露齿，笑出牙齿，大笑，咧嘴笑，跟眼睛结合的笑。在表情训练完成后，你可以准备一些内容进行朗读。读快乐的部分，你的情绪也要跟着一起快乐；读悲伤的部分，表情也要表现出悲伤和忧郁。如果还做不到，可以多看看影视剧，多去模仿人们在传递各种感情的时候，表情是什么样的。

艺术是相通的，唱歌五音不全的人，可能在说话时风格也相对单调。如果你在讲话的过程当中是抑扬顿挫的，表情也会很丰富，你练了一个方面，其他的方面也可以得到很大提升。

（4）表情识别是沟通的双刃剑？

面部表情在沟通表达中的作用要双向看待。比如，你在台上讲某一块内容，下面的听众可能都是皱着眉头或者看着别处。从他们的表情和反应中你就会发现，可能他们对这个内容不感兴趣。这时候你该怎么办？要快速调整讲话内容。沟通时也一样，当你看到对方面部表情出现一些信号的时候，也要快速调整讲话的方式，或加快讲话的进程。

掷地有声的手法

（1）手势动作可以缓解紧张情绪吗？

人都会紧张，自然界的能量守恒定律告诉我们能量不会无缘无故地消失。站在台上，当你紧张的时候，再没有手势，在那里傻站着，你的肌肉处于持续紧迫状态，你的紧张感在加剧，能量怎么转移？你就只能转成流汗、发抖了。如果这时候加上一些适当的手势，你会感到合适的手势实际上能有效地转化这些负能量。所以我建议大家更自然地移动身体，更自然地做一些手势动作，这是一个很好的消除紧张的办法。

（2）手势动作能否延续你所表达的思想？

手势动作本身就是自己思想的一种延伸，能够更好地强化口头表达的这些意愿，并鼓励听众进行参与。

人们在谈及螺旋楼梯时，一般会先用手表演螺旋形运动，然后才会说出"螺旋楼梯"这个词。其实手就是个精心准备的"助产士"，常常从事事争先的舌头那里把想法抢走，通过姿态进行快速处理。在很多时候，由手摆出的姿势赶在语言之前暗示了我们的意图，表达了我们想要表达的大部分意思。姿势的这一抢先特征表明，我们的想法会在发出话语之前，影响我们的行动，或者说，我们的姿态其实可能会影响我们的所思所言。在想不起某个词的时候，通过摆出某个适当的姿势，我们就能从记忆中找回这个词。可见手势不仅满足了观众看的需求，还多了一项"助产"的功能。

但我给别人做辅导的时候是不会去教手势动作的，因为我认为心里有了，手势自然就会有。如若心里没有，即使我给你设计了手势，你也会发现做出来的姿态是不对的，是错位的，更谈不上很好地表达自己的意思和想法。手势的表达是需要发自内心，由内向外的。

（3）手势动作活动的区域和情感表达有什么关系？

做手势动作需要调动身体三个区域，分为上、中、下。上区指胸腔以上，下区指腹腔以下，胸腔以下腹腔以上的部分是中区。在我们做表达的过程当中，要表达指责对方、表达憎恶讨厌情绪的时候，手指都是下区位的手势。如果要表达对一些事情的希望、推进、鼓励，动作一般都用到上区。中区一般在进行一些日常情绪表达，以及和缓的语言表达和沟通时用得比较多。所以可以看到不同区域的手势动作，所带来的情感表达色彩是不一样的。

（4）怎样做手势动作，更能展现自信？

我们在表达时要做到手势动作力与美的完美结合，不要似做非做，含糊不清。要记住两句口诀，第一句叫作能用臂不用掌。要用大臂带动手掌做一些动作，比如说"请"的动作，你可以大大方方地做出来，这也会使你的台风展现变得不同凡响。

第二句话叫作能用掌不用指。"请"的手势都是四指并拢，拇指轻轻地靠近。所有礼仪都讲究这个手位，我们很少看到三个指头收回来，或者三个指头和大拇指收回来，只用一个食指指对方这种指点江山式的手位，这种犹如尖锥子一样的动作，会让人心里非常不舒服。

稳如泰山的身法

身体提供的信息有三大来源，它们分别是眼睛、躯干和腿。要想了解某人对于交谈的忠诚度，最好是看他们的腿和脚，因为这是人们对自己身体感受最弱的地方，也最容易暴露出真实感受。在表达中，沉稳大气的根源就在于底盘的稳定。

（1）什么样的站姿最有气场？

第一要挺胸，如果你每天都驼着背，在台上的形象怎么会有精气神，怎么会有影响力？如果你不能做到挺胸，请每天靠墙五分钟，让自己保持头正、肩平、腰挺、臂垂、腿直的状态。第二，要平衡你的身体，一般来说，男士的平衡站姿为两腿站得比肩略窄，作用力在两脚之间（跨骑式）。女士的平衡站姿是类似小丁字步的，但是不要太用力，姿态过了也不好。所有的事情都是过犹不及。第三，请不要低着头，面向地板，你要昂起头部和下巴，表现出自信。但是这个动作要把握一个度，不能简单地高抬下巴并呈现出蔑视。我说的昂起，就是让你整个人站在那儿，精气神俱佳地塑造一种自信的体态。

（2）演说呈现时的站位有什么讲究？

表达时，主讲人的站位可以参考天气预报主播的站位，站在 PPT 的左侧，不要侧立站着，那会给人读 PPT 的感觉；也不要全正面朝向听众，而是与 PPT 呈 45 度角站立。这个朝向既方便与听众交流，又方便指示 PPT 上的相关内容。

（3）演说时不同的站位说明什么？

在演说时我们会有站姿要求，在人际交往时适当了解无意识的站位，能让你更好地了解对方真实的意图。

平行式：两腿垂直而平行，双脚并拢，身体的重量均匀地分配于两腿之间。既不表明意欲离去，也不表明要继续留在这里。

剪刀式：双腿交叉，仿佛剪子的形状。表达一种忠于交谈，无意离去，愿意屈从的信号。

扶墙式：身体的大多数重量压在"主力"腿上，主力腿垂直，扶墙腿从膝盖处弯曲，脚着地并向外指。表明此人想要离去，脚指向的方向就是希望脱身而去的方向。

跨骑式：两腿垂直，两脚分开。这是典型的支配性姿势，因为它使身体变宽，占据了更多的空间，表明此人并不急于离去。这也是在演说时我们要采用此姿势的原因，就是为了增强坚定与稳定的自信效果。

势如破竹的步法

政治家走路的方式强烈地透露出他们是什么样的人。比如，里根大跨步走路，展现出一个全然自控、精力旺盛的年轻人形象。

他通过摆动手臂越过身体，以及把手掌旋转到几乎完全朝后的地步，巧妙地将健美运动员的步态融入自己的步态。同时他双手张开，保持松弛，以增加手掌外观尺寸，消除任何潜在的焦虑性暗示。

根据20世纪80年代美国的一项调查，里根在美国历史最伟大总统评选中排名第三。这个民意调查让许多政治评论家颇感诧异，因为里根并没有提出什么让人印象深刻的政策，也没有做过特别鼓舞人心的演讲，相反他还陷入过尼加拉瓜叛军丑闻等事件。然而，评论家们常常会忽略一个事实，那就是人们既通过政治家的政策来评价他们，也通过政治家的举止来评价他们。可能政治家走路或微笑的方式比他们全部的政治成败更能让人铭记。

什么样的行姿最有气场？

首先，行姿是站姿的延长线。其次，女士两臂夹得更紧，后挥臂比男性挥得更远；男士多采用向上摆动，而非向后摆动的姿势。最后内扣的手臂，使得背阔肌更为发达，这点在健美运动员身上体现得更加明显。

作为主讲者，我们要在走路方式中透露出健康、力量、敏捷与果敢。

一个有魅力的讲者，一定会充分调动眼法、表情、手法、身法和步法，自信地看着别人，表情与自己身份同步，手势利落不繁杂，昂首阔步地表现出领导力和权威。

通过占比 55% 的体态语言，让别人感受到你身上的能量场和气场，再加上状态完全在线，会呈现火力全开的局面。

本课学习要点：

如何借用体态语言来"说话"？

法则一：身份契合

1. 严谨的体态语言——稳健与深藏不露

2. 亲和的体态语言——亲切与柔中带刚

3. 霸气的体态语言——张力与提升感召

法则二：支配与屈从

1. 顾盼生辉的眼法

（1）紧张不敢看别人的眼睛怎么办？

（2）眼神交流里的定视与动视指的是什么？

（3）表达时眼神落在哪里合适？

（4）眼睛的运动为什么缓慢而平稳？

2. 深入骨髓的表情

（1）什么样的表情特征更具支配性？

（2）友好的体态有什么特征？

（3）表情怎么训练？

（4）表情识别是沟通的双刃剑？

3. 掷地有声的手法

（1）手势动作可以缓紧张情绪吗？

（2）手势动作能否延续你所表达的思想？

（3）手势动作活动的区域和情感表达有什么关系？

（4）怎样做手势动作，更能展现自信？

4. 稳如泰山的身法

（1）什么样的站姿最有气场？

（2）演说呈现时的站位有什么讲究？

（3）演说时不同的脚位说明什么？

5. 势如破竹的步法

什么样的行姿最有气场？

第 **8** 课
如何让声音既有感染力，又有说服力

这一课我们要跟大家聊一聊声音和权威，以及说服力之间的关系。首先我们来看看生活中的两个例子。

现在的都市人到了周末或节假日时，都会选择离开钢筋混凝土的闹市，回归大自然，到乡野山村去体验农家生活。假设你走进一家农家院的院门的时候，听见里面传来很可怜的小狗叫声，和听见一只听起来很凶、很有威慑力的大狗声音，你的感觉分别如何？相信大多数人听到小狗的声音时，会更主动地跑进这家，想要去亲近一下这只可爱的小狗，想抱一抱它，当然前提是不怕狗。另外一只声音很有威慑力的狗，在你判断有可能是一只大狼狗或者藏獒的情况下，就会望而却步，或者多少会迟疑一下。在我们没有见到这两个动物之前，实际上都是通过声音来判断自己是否处于危险当中的。

声音是可以传递威信的。人们其实都希望去倾听那些很自信的人讲话，也愿意跟那些看起来很自信的人做生意，因为他们让人更有信服感。你要学会将表达/呈现时的声音调到一个具有说服力的状态，只有这样才能帮助你建立起和听众之间的联系，建立起信赖关系。

第二个例子，大家设想一下，在办公室里，领导说："小张我这儿有份文件，你去打印一下。"大家体会一下下面两种应答方式，即小张说话的内容不变，都是"好的，领导，我马上就去"，但用的是两种语气。第一种语气，小张的声音充满活力和干劲，给老板传递的意思不光是字面的含义，也表明他真正发自内心想要去；第二种语气，小张有气无力地应答，嘴上说没问题，但他的潜台词却表现出了不情愿。如果你是老板，更愿意用哪个小张？一段有影响力、说服力的讲话，不光要靠组织好内容，还需要好听的说话方式，时而具备说服力和权威语气，时而让人听起来感觉很亲切，能够被人理解和接受。

因此我们就需要了解声音中的六个重要品质。这六个品质分别是：语气、音高、语速、音量、音调和发音。我们可以一个一个探寻这些声音的品质，并通过一些声音的练习，给声音赋予一种力量，来帮助自己增强表达的能力。

一、语气——表达的内涵永远比文字多

语气，说穿了就是通过你的声音传递的态度和情感。我经常跟学员讲，说话表达的不仅仅是文字，还有文字背后的情绪，这一点我相信身在服务行业中的人体会得尤其明显。你问了对方一个问题，可是

对方的语气让你听起来不是那种很亲切耐心，而是敷衍性的，你可能就会有一点小小的不满，甚至可能会导致一场口角。

很多人都给 10086 打过电话。当电话拨通之后，电话那头的接线员是用怎样的语气在跟你沟通呢？一定不会是语气强硬地说出"您好，有什么需要帮助的地方"，他一定会在说这句话的时候，让你觉得他的声音既专业又亲切。所以一个人讲一件事的时候，实际的意思和听者理解的意思可能是完全不同的，因为语气在讲述中起到了关键性作用。

想一想，有多少次你的谈话结果，是你的讲话对象对你怒目而向？这时候你可能会疑惑自己到底说了什么让他不高兴了，对方可能会回答你，不是因为你说的内容而是因为你说话的方式。比如，有时候对方兴致勃勃地跟你讲话，可是你漫不经心地回答一句"嗯，我知道了"，就会阻隔和打消对方所有跟你讲话的意愿。那我们应该如何培养吸引人、激励人、影响人的语气呢？下面有一些小技巧供大家参考。

第一，提前对你的讲稿进行审查和注释。对于你讲稿当中的一些关键点，要赋予恰当的情感和态度。比如你看到一段文字，看它表达的情感是兴奋还是诚恳，或是有力还是友好，你在练习这段话的时候要集中精神，让你的声音能够配合这层意思去表达情感。说话表达的不仅是文字，还有文字背后的情绪。

第二，在做演示的时候，你要想象，你的好朋友正坐在第一排聚精会神地听你演讲，你要想象那个人在场的画面，让自己相信你和他在做一对一谈话，这样你就会保持一种友好自然的对话般的语气。

第三，把你日常的电话交流过程录下来。其实我们自己听到自己讲话的声音，和别人听到我们讲话的声音是不太一样的。我们有时候会被自己的声音吓到，觉得自己的声音怎么会这么难听。这是因为我们听和别人听的渠道不一样。别人听到的这个声音是通过空气传导的，你听到的这个声音是通过颅骨传导的。你把自己的声音录制下来，从头到尾体会一下，在整个说话过程中你的语气、情感和态度是什么样的，然后想一想这些情感和态度是不是你想传递给电话那端的那个人的。

二、音高——沉着的低音更显权威

音高讲的就是嗓音的高音和低音，比如，有男高音、男中音、男低音、女高音、女中音、女低音的区分。那么表达/呈现时，什么样的嗓音特质最具优势呢？我们再来聊聊里根总统。他说话的声音是那种很低沉的嗓音，这让人听起来富有男子气概；同时采用送气的说话方式，听上去很温暖亲切；尤其上电视的时候，他常常以耳语的形式说话，这又让他显得亲密而友好。

人们常说送气音听起来像"混着空气的嗓音"，听起来暖洋洋的，与男性相比，女性中有更多的人使用送气音，这也是她们听起来更温暖和性感的原因之一。

较为低沉的嗓音，相对于较为尖细的嗓音，一般更具力量，更显权威。为什么低音具有优势呢？

有人比较了美国1960年以来总统大选中的总统候选人嗓音，考察了19场总统竞选辩论，并运用频谱分析测量出每个候选人的声音"基普"。他们把每位候选人声音的"基普"做了对比，发现这几次选举中，嗓音更低的候选人都获得了更高的支持率！

这一研究对于女性来讲尤其重要。在生活中，如果一个人的声音让你听起来感觉非常温柔，比如林志玲，她的声音就是嗲嗲的，会让你有想要保护她的感觉。但在职场中，你总不能找领导签字，也嗲嗲地说"领导麻烦您帮我签一下字"吧？这嗲嗲的声音，一听就很稚嫩，让人觉得你涉世不深，菜鸟一个。所以你要用沉着的低音，去塑造一种权威、职业化的印象。这种低音本身也代表着一个人的资历、权威度与成熟度。相反，对于男士而言，当你面对家人时，就不要总是用严肃的低音了，这样会让你的家人觉得你很冷酷。

很多人就是通过控制声音的高低值来打造有趣的、让人听起来很舒服的嗓音，在讲话时，让自己更具有让人信服的力量。这种嗓音如何练习呢？我建议分两步走。

第一步，可以多模仿综艺节目主持人和午夜电台节目主持人。娱乐节目主持人，都是能调动全场气氛的，他们会用音高比较高的嗓音，说出"电视机前的观众朋友们，大家晚上好"；而午夜电台节目主持人无论是男是女，说出"收音机前的听众朋友们，大家晚上好"这类话语时，声音都具有一定的磁性，让你听起来不刺耳，很舒服。

第二步，多做控制音高的练习。你可以把自己的嗓子想象成一个乐器，用不同的音高去唱音。在你的音域范围内不断去尝试升高和降低，高的时候听起来要像女高音一样，低起来要像男低音一样。要重复地做这个练习，直到你能够听到整个音域的声音为止。用这样的方式练习一段时间，你就可以去朗读或者背诵一段话加强练习，用这种练习帮助你更自信地用低音说话。

三、语速——放缓语速更具沉稳

语速说的就是节奏，我们要通过改变说话的节奏来提升说话的权威度。我们通过对成百上千甚至上万的演讲录音进行分析，发现大多数的演讲者讲话的平均语速，是一分钟 150 到 160 个字，有意思的是，出版社对有声图书的建议速度也是每分钟 150 到 160 个字。在这样一个语速范围中，人们听起来会更舒服一些，它既足以保持听众的兴趣，又可以避免感觉到无聊走神。

如何了解自己的语速

手里拿一个计时器，花一分钟时间朗读一份测试的材料，尽量按照平常讲话的速度来读，在这一分钟时间内你能读多少字，这就是你演讲时候的速度。在读的时候，你要想象自己是在很多听众面前读，公开场合里的讲话语速跟私下的时候肯定会有点儿不一样，所以要让自己在这个情境下测试。

紧张时如何控制自己的语速

很多人一站在台上，因为紧张，讲话速度就越来越快，如何改善这种情况？我们给大家提供了一些好的办法。第一，上台之前，要在讲稿上用斜杠线做一些休止标注；第二，要尽量做仿真彩排，根据标准做人为的节奏切割，直到语速能够流畅为止。这样上台后，就会胸有成竹，可以按照练习时的节奏，在必要的地方停顿。

有什么不错的办法来控制节奏？通过挤大脚趾。如果你讲话语速很快，到自然停顿的地方就挤一下大脚趾，停顿一到两秒后再往下讲。这样就可以帮助你在台上处理讲话语速过快，讲到最后自己又冒汗又着急，别人还没有听清楚的情况了。

我们为什么一定要放慢语速

单位的领导，越是高层，说话的语速就越容易呈现出慢、稳的特点。就是天大的事情，你可能已经顶不住了，慌神了，到了他们那里，依然是镇定自若，不会在行动与语速上乱了阵脚，沉得住气，稳得住神。缓和的语速会为你在即席表达时赢得更多的思考时间。大家要慢慢地将这种特质运用到自己的工作节奏和说话方式上。

四、音量——有力度的声音信服感增强

音量指的就是说话的强和弱，是在不提升音高的前提下，着重加强或削弱对所说内容的力度。讲话时音量的增强，可以让对方感受到你的坚定，关注你重点强调的内容。如果你想要强调某些观点，就要使用响亮、强大、坚定的声音，让听众能够重视你讲的这些观点；想

要拉近跟观众之间的距离，在讲话时，你的音量就要稍微弱一点。音量的强弱和人们对你的信服指数呈正比。

在运用声音这条道路上，如果你想突出自己的职业化，那么在音量当中就要增强力度；如果你想提升自己的亲和力，就要在讲话时卸掉一些力度。这也就是为什么有些女强人会觉得自己并没有咄咄逼人，也并没有争辩，别人却觉得她是在咄咄逼人：因为她的声音太有力度。在工作当中，女强人要发出的是有力度的声音，但是回到家里，她得是有亲和力的母亲和妻子。身份变了，音量的运用就要适时调整，以便更符合身份特点。如果你在调节音量的过程中注意到了听觉的感官变化，那么你的演讲也就会变得更有趣。

怎么做到声音力度增强且不费力

当我们要树立一种权威和自信的时候，可以对字词读音进行强调，就是说话要加劲。这个劲儿怎么加？可以尝试下面的方法：平时回家练习说话的时候，想象自己面前有一支蜡烛，然后你要去吹灭这支蜡烛。吹的时候请注意，要用腹式呼吸法，即吐气的时候瘪肚子，肩膀不要抬，吹的过程实际上就是你发力的过程。我们在说话的时候就要有这样的力度。

怎么增强声音的力度

我们可以通过数数练习来增强声音中的力度。在不提高音高的前提下，从一数到十。我们可以参考四个场景中的音量，第一个是给团队拔河加油的音量；第二个是在路上遇到熟人，隔着一条马路打招呼的音量；第三个是在西餐厅里商谈说话的音量；第四个是在夜深人静时说悄悄话的音量。需要说明的是，第二个场景下的音量更加适合采用公开场合的说话的音量，日常工作应用的音量介于第三和第四场景之间。要想提升人们对自身的信服度，讲话的方式就应多向第二场景靠拢。

五、音调——抑扬顿挫更具吸引力

我们可以使用音调的变化去影响决策者，根据多年的授课经验，我发现单调的声音是会让听众反感的。单调的声音其实比吃了安眠药更容易让人入睡，所以我们要对一些特殊的需要强调的词，进行语气、节奏、音高的调节。声音的变化，实际上也是沟通者用来保持听众注意力、引起听众思考的一个有效技巧。

有的人可能会问音调的变化怎样练习？大家可以去找一些简单的句子练习，然后朗读出来。比如"这款笔记本电脑，是当今市面上最好卖的型号，它拥有功能全面的商务解决方案，流畅的多任务处理能力，和快如闪电的性能"这句话，一个讲话不具有吸引力的人，念起来就像白开水一样平铺直叙。如果在读这段话之前，做一些标记，那么在读的时候，就会有慢速的部分，有提高音量的部分，有快速的部分，有提高声音音高的部分，最后读出来就会让别人很感兴趣，会被这种引导吸引。这其实是通过语音语调的变化，在大家的眼前呈现出画面感。

另外，音调很多时候是离不开节奏的，这个节奏就是我们要讲的停顿的力量，正如一句话说得好，我们就是要用静去提携动，用无去带动有。"此时无声胜有声"讲的也是这个道理。我们去听一场交响乐，到了要收尾的部分，它会突然有一个停顿，然后来一个高潮式、升华式的收尾。这种停顿恰恰是最抓人、最具有吸引力的。我们大家也要学会在讲话过程中充分使用停顿的力量，用节奏的改变去吸引听众和决策者的注意力。

六、发音——吐字清晰更具说服力

发音就是说话要清楚，每一个字的发音都要正确。最怕的就是含糊不清的说话方式，比如有的人说话就喜欢唧唧咕咕，喃喃自语，吞咽词语，带一些拖音，等等。这种说话方式对于听众来讲是一种折磨，也会让别人觉得你是一个无精打采的人，一个了无生趣的人，一个胆小怯懦的人，因为你的声音当中缺乏活力，而这种含混不清的言语更会阻碍你传递信息。

要想吐字清晰，需要做到什么

怎么练习发音，能让发音更清楚呢？最关键的一招，叫打开口腔。我跟很多人交流过，有人说他觉得张嘴张得太大，讲话特别累；有人觉得微张着嘴讲话更舒服，为什么要打开口腔？回答这个问题之前，我们先来了解一下，声音是怎么传递出来的。

声音实际上是通过空气冲击声带之后，打到我们俗称的上牙膛，然后再以口型塑造出各种各样的字音。这可能说得比较笼统。我给大家讲发声的过程是为了让大家明白，发出声音的动作，实际是空气敲击在上牙膛的软腭，软腭是哪儿呢？就是你舌头卷起来舔到上面的接近我们牙齿比较软的部分，你舔起来有一棱一棱感觉的地方叫硬腭。当你打开口腔发出声音的时候，敲击的是硬腭，这跟软腭有什么区别？试想一下，你一拳打到一个棉花包上，和你一拳打在一个铁板上，虽然使用的都是同样的力，但你会发现打棉花包没有什么声音，而打铁板会有回响。这就是声音打到硬腭和软腭上时的洪亮度、清晰度不一样的原因所在。你用了同样的劲儿，最终的声音效果却不见得相同。所以首先要练习打开口腔。

打开口腔怎么训练

口腔打开的标准是什么样的？试想你咬一个苹果，嘴张开，咬苹果的时候口腔就是打开的，这时候你用手轻轻贴在脸颊和耳朵连接的部位，你会发现耳朵的这个部位有一个窝。这样口腔就打开了，这种"咬苹果"练习可以打开口腔。

怎么让声音更集中

我们可以通过嘴唇训练来让声音更聚焦。嘴唇训练的重点是，我们所有发音和发声的通道，一定要集中在嘴唇中间的部分。如果你咧着嘴讲话，声音呈现出来是向四面八方的，就不够集中，清晰度、饱和度听起来也会不好。可以先从拼音字母的发音练起，练习之后，你就可以选取一些文本内容大声朗读，在练习的过程中就会发现口齿也变得更加清楚了。

本课学习要点：

如何让声音既有感染力，又有说服力？

一、语气——表达的内涵永远比文字多

1. 提前对你的讲稿进行审查和注释

2. "带着" 你最好的朋友去讲话现场，主要是精神上带着

3. 把你日常的电话交流过程录下来

二、音高——沉着的低音更显权威

1. 多模仿综艺节目主持人和午夜电台节目主持人

2. 多做控制音高的练习

三、语速——放缓语速更具沉稳

1. 如何了解自己的语速

2. 紧张时如何控制自己的语速

3. 我们为什么一定要放慢语速

四、音量——有力度的声音信服感增强

　　1. 怎么做到声音力度增强且不费力

　　2. 怎么增强声音的力度

五、音调——抑扬顿挫更具吸引力

六、发音——吐字清晰更具说服力

　　1. 要想吐字清晰，需要做到什么

　　2. 打开口腔怎么训练

　　3. 怎么让声音更集中

第 9 课

如何让你的听众享受一场视听盛宴

这一课我们聊一聊表达的生动性和听众的带入感及吸引力之间的关系。很多人都会有这样的感觉，有的人的讲话听了上句就不想再听下句，因为总是给人一种在试图说服、勒令他人的感觉，从这个道理讲到那个道理，让人听起来觉得特别枯燥，特别乏味；而有的人讲话，一开口就能把你吸引住，因为他的讲话真的是声情并茂、绘声绘色，给人的代入感很强，让你听着很感兴趣，内心的情绪也都被唤起来了。那我们怎么才能在讲话的过程当中，让听众享受一场"五觉全开"的视听盛宴呢？

先跟大家分享两个反面例子。第一个是一次上课，我让大家上台做一些练习。其中一个学员上台练习的内容是给消费者讲一个旅游度假村的产品。这位学员讲了坐落在卧龙自然保护区旁边的一个旅游度假村，讲了这个度假村的基本情况和主要特色。他在一开场时就说，这是一个能够满足一家人需求的旅游度假村。然后针对不同人群，说女士到这儿，可以拍照；男士到这儿，提供垂钓园和其他配套设施；小孩子可以去游乐场、亲子乐园，还有手工制作基地等。他讲的时候，下面的学员表情麻木，几乎都快要睡着了，这说明他的讲话非常地乏味。

第二个例子，一位顾问走进一家电脑商店，向销售人员询问关于笔记本电脑的问题，发生了如下对话：

"你好，我想要一款轻薄、速度比较快、带 DVD 光驱的笔记本电脑。""那您应该看一看英特尔酷睿双核处理器的电脑。""好的，我不知道这个英特尔公司他们也生产电脑。""嗯，他们本来就不生产。""你能讲得再详细一点吗？""英特尔酷睿双核处理器，就是它有两个处理核心。能够以比较快的速度去同时处理一个数据。""哦，那我先到别处去看看吧。"

下面是一篇与以上两个例子呈现方式不太一样的文章，请大家在阅读时体会表达方式的不同。

一百的酒和一千的酒哪里不一样？（来源：网络文章）

一、产区（Region）

产区对葡萄酒的影响，就像是地段对房价的影响。河北一个小镇的房价，和北京郊区的房价能一样吗？

什么样的产区好呢？表面上看，世界上有成千上万的葡萄酒产区，但实际上，我们只要记住一些关键产区，在选购葡萄酒时就可以做到游刃有余了。法国的 AOC，西班牙的 DOC，德国的 QbA，意大利的 DOP 等，这些都是当地法律规定的优质产区简称，能标这些词的葡萄酒基本都可以保证优质。

同一个产区里，一般标注得越细，酒的品质就越好。例如标着"勃艮第—金丘"的要比只标"勃艮第"的好，这就像一个人说"我在北京有房"，另一个人说"我在北京二环有房"。

二、葡萄（Grape）

好原料酿出好酒这个道理大家都能懂，那什么样的原料是好原料呢？

• 好的种植方式

1986 年，贝尔纳·马格雷入主克莱蒙教皇堡（图 9–1）之后做的第一件事，就是改变葡萄园的管理方式，保证葡萄生长的自然环境，使得该酒庄的酒声名大振，酒庄名气也扶摇直上，一下子进入名庄之列。种植方式对酒的影响之大，不言而喻。

图 9–1　克莱蒙教皇堡一角

• 老藤

老葡萄树的根系发达，能深入土壤，吸取各种养分。但老树的产量比较低，因此结出来的葡萄成分比较浓缩，有种"爹妈富庶我还是独生子女"的感觉。（图 9-2）

图 9-2　老树结的葡萄味道更好

• 品种

葡萄品种里有一些高贵品种，例如著名的赤霞珠、黑皮诺等，这些葡萄品种更容易出好酒，品种上的区别就像三文鱼和黑鱼之间的区别一样。

三、酿造（Vinification）

酿酒就如同铸剑，剑的好坏取决于铸剑师，而酒的好坏则取决于酿酒师。例如著名的波尔多混酿：梅洛多一点，葡萄酒则柔和一分；赤霞珠多一点，则结构强一分。而这其中的平衡点则由酿酒师决定。一瓶好酒最重要的是恰到好处：增一分太强，减一分太弱。

四、年份（Vintage）

葡萄生长过程中，在越热的环境下越容易成熟，所以太冷的年份，葡萄都没有熟，无法酿酒；而太热的年份，葡萄又会有一股熟过头的果酱味，也不行。如果降水太少，葡萄就会长不好；而要是降水太多，葡萄的味道就会淡。这么说起来，不管是种葡萄还是种什么东西，都是靠天吃饭，存在各种不确定因素。老牌的酒受天气影响更大一些，因为做老牌子的人比较倔，他们甚至不肯给葡萄进行人工灌溉；而新牌子的酒，受天气影响就小了，做新牌酒的人百无禁忌，怎么好怎么来，各种现代科技都可以用上。

年份，是指酿出来的酒存放了多久（图 9-3）。葡萄酒是有周期的，普通的餐酒 3～5 年后品质就开始走下坡路，而名庄酒却要等到 10 年以上才能慢慢成熟。

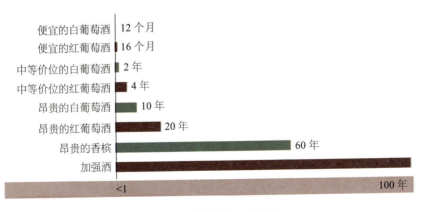

图 9-3　葡萄酒陈年潜力图

年份、酿造工艺都不同的酒，喝起来有什么不同呢？

一百元的葡萄酒或许非常好喝，简单易饮，但可能很难同时达到以下三个标准，而一千元左右的酒（如果你没买错）基本能达到以下三个标准。

一、平衡性

一瓶好酒就像是一曲优雅的协奏曲，它的单宁①酸度、酒精果味等，十分和谐，让你不觉得突兀。就像一个真正的美人站在你面前，你会觉得她无一不美，而不会觉得哪里怪怪的。

二、能体现自己的品种特性

这一标准非常简单，一款梅洛应该品尝起来或闻起来像梅洛葡萄酒，就比如一个男人即使再柔美，也无法当选世界小姐。（图9-4）

三、能展现当地风土

夏布利的霞多丽葡萄酒，酸味紧实，有典型的燧石矿物质味，以及欠成熟的青苹果和柠檬风味；而来自美国卡内罗斯出产的霞多丽的味道则要柔和得多。

---

① 单宁（Tannin）是酿制红葡萄酒时最重要的一种多酚，品酒时的涩感来源，起到抗氧化、聚合稳定酒内物质的作用。

| 黑樱桃 | 黑醋栗 | 李子 | 丁香 |

图 9-4　各种口味的梅洛酒

夏布利产区的霞多丽葡萄酒不应该品尝起来像卡内罗斯产区的。当然，这并不是说卡内罗斯的霞多丽品质不如夏布利的霞多丽，只是说这两个地方的风土特征不同，酒的味道也应给人直观的在风土特征上的区别。美酒应该总能体现当地的风土特征。

我们再看上文举的两个反例。第二个反例，从技术上来讲，销售人员说得并没有错，但是顾客为什么要去别处看看呢？因为他要苦思冥想才能搞明白，这个新的系统是如何让自己的生活更加美好的，这点让他很伤神。人的大脑实际上是一块"懒肉"，它永远都在尽量节省能量。如果你让顾客的大脑过度劳动，去思考专业术语等晦涩概念，可能就会失去他们。

卡耐基说："逻辑般的语言那是写在沙滩上的文字，当下一波注意的浪潮来了就吹得无影无踪了，但是画面般的语言是刻在钢板上的字，让人永远难忘。"所以在表述过程中，我们应该少用逻辑语言，或者说减少逻辑语言占整个表述的比重，我们可以将逻辑语言和表达中的画面创设融为一体，来引导听众对这一画面进行想象。这样讲话才能生动起来，表述也才能更加有吸引力。

比如第一个反例，如何表述会更好？针对家庭，我们可以为他们做如下介绍：当他们驱车到达度假村时，在门口放眼望去，就是一眼望不到边的绿绿的草地；从下榻的酒店推开窗户，他们就能看见宛如神殿般的静谧的雪山，在云朵的映衬之下若隐若现。山脚下有羊群、牛群，它们在安安静静地吃着草。女士们可以在这里拍照，拍出来的画面中天是那么蓝，景是那么美，仿佛油画般，可以晒到朋友圈里让别人看。男士们则可以……

第二个反例中的店员和顾客再对话一次，对话内容可以是下面这样的：

"您好，您想要买什么，我能帮上忙吗？""我想看一看笔记本电脑。我希望它能够轻薄而且比较快，然后带着 DVD 光驱，我喜欢那一种。""那您算是来对地方了，我们这儿有很多精选的笔记本电脑，便于携带，而且速度超快。您考虑过买一台带英特尔酷睿双核处理器系统的电脑吗？""这个我还真没想过，你说的这个系统是什么？""您可以把这个处理器理解成计算机的大脑，如果计算机拥有我刚才说的那种处理器，相当于它有了两个大脑。这就意味着您可以工作娱乐两不误。比如说您可以一边下载音乐一边让电脑在后台把所有的硬盘都扫描一遍，查杀病毒，而完全不会让电脑运行的速度变慢。再比如，您用来工作的软件运行起来会快得多，电脑能同时处理多个文档，播放 DVD 会比以前还流畅，最重要的是电池的续航时间会大大延长。这还不是全部的优点，您再看一下它的显示器也相当的精致漂亮……"
"太好了。那我看看这个电脑吧。"

　　具体来说，要想做到表述生动，就要掌握五种方法。这五种方法分别是：情景创设，点燃欲望；引而不露，吊足胃口；突出关系，锁定兴趣；修辞手段，形象具体；化繁为简，规律性强。我们针对每种方法都设计了配套案例及点评供大家参考。

一、情景创设，点燃欲望

　　此广告（图 9-5）表达的目的是招商，如果过于直白地表达，不仅吸引力不足，还容易让商家产生逆反心理。最好的销售式表达实际是讲到对方心里去，让他看到无限可能与希望，最好能唤起对方脑海中的画面感，这是需要外力启发的。我们把这种方式称为情景创设。例如广告牌中先用 65% 这个数据描述了一个现象，再通过 2016 年的大数据统计出全年机场的吞吐量，以及未来四年的数据量，最后旁边配上一幅快餐图片，强化想象画面。

图9-5 机场招商广告

二、引而不露，吊足胃口

某品牌果汁杯文案

别花钱买榨汁机了！一个杯子就能让你随时轻松喝果汁！

大家都知道水果的重要性，作用可以说仅次于热水。长痘了？想减肥？多吃水果就没错！

可是，只是吃水果早已满足不了吃货的需求了！相信很多人有这样的体会，用嘴啃着吃水果，你可能一天都吃不了一个，但是榨成汁，每天喝进去两三斤水果，都不是大问题。

所以出现了很多果汁重度依赖患者，可以不喝水但不能没有果汁。果汁中有很多营养，也比白开水好喝。但市面上的果汁种类繁多，品质也良莠不齐，我们买到的果汁大多是勾兑的果味饮料，除了迷人的色彩和漂亮的包装，几乎没啥营养，搞不好还很贵！

肯定有很多人要说，那就用榨汁机自己榨呗！但榨汁机又大又重，还不好清洗，只有在家的时候才能喝，出差上班再想喝就实力超纲了！

秉承着"少走弯路，发现黑科技"的精神，××设计出一款叫作"××果汁杯"的好东西，将携带难、清洗难的问题完美解决，造就了一个可以榨果汁的杯子，它比榨汁机更轻便、比杯子更强大，真正做到随时随地榨汁，让你轻松喝到新鲜果汁。

想减肥的看过来！

爱健康的看过来！

喜欢吃水果的人看过来！

就是它！多功能的便携"××果汁杯"

有了它，就算你不爱水果

也会沉迷在榨汁的乐趣中

因为它，真的很强大

和榨汁机完全不一样

1. 轻便携带，出差也能用！

裸机重量仅 555g，完全可以一手掌握。杯子顶端还有挂绳，可拎可挂，无论是出差还是上班、春游，都可以说非常方便，简直秒杀榨汁机！

2. 水果杀手，各种蔬果轻松搞定！

作为一个榨汁力 max 的果汁杯，当然必须嘚瑟一下它的"破坏力"啦！如何"杀死"一枚水果，如何搅碎蔬菜是我们这个果汁杯终日思考，并且每日都在实践的事。你可以自己 DIY 果汁，补充维 C；如果想要减肥，也可以自己榨蔬菜汁，补充营养不怕胖；当然也可以多种水果蔬菜混合榨，想喝啥就喝啥！

3. 电池强劲，无须插电！

4. 多重防护，和隐患说拜拜！

如果你也是一个爱喝果汁，渴望健康，希望皮肤好好、身材棒棒的人，在这个只有现榨果汁才是纯正果汁的时代，最需要的就是果汁杯。随时随地将健康喝到身体里，告别"假果汁"！

> 创设情境，一款简单的果汁杯被冠以"Tiffany 蓝"后，就有了"杯中贵族"的意味，让拥有的人仿佛都身价提升，又一波敲击心灵，促使购买欲的表述。

有一种浪漫叫 Tiffany 蓝。果汁杯不仅好用，颜值也是杠杠的！瓶身充满浪漫气息的 Tiffany 蓝，看得让人少女心炸裂有没有！最后，是我们给你的超值福利……

每一个少女心中
都有一抹 Tiffany 蓝

有一种蓝，
代表着一种浪漫与幸福。
有一种蓝，
都始终只诠释两种东西。
一种叫爱，而另一种，叫美。

这个案例说明，听众通常不会像你一样，一上来就想知道你（人、事、物）是谁，这些都是你自己关心的，而不是听众。所以你最好从买方市场的角度，针对目前人、事、物的缺失点入手，先提出一个更高的挑战，讲清楚为什么和怎么样，在听众好奇心的驱动下，再点出是什么。这是隐而不露法的关键所在，接下来你的描述也就顺理成章地满足了对方的好奇心。

三、突出关系，锁定兴趣

电视剧《猎场》片段：
猎头公司为某大型集团公司猎高级金融管理人才

曲区长："我事先声明，我今天是来陪太太听听的，也想听听你们是怎么研究我的，并没有离开现职的打算。"

卸下对方心理防卫。

猎头："知道，我想先从南国时代创艺集团开始，看看这是一家什么样的企业，有怎样的发展前景，看看您和这家企业彼此是多适合。

"请看，这是证监会发布的 11 家 IPO 预披露企业名单。南国时代创业集团公司拟在上交所上市，从已经发布的招股书来看……他们的主承销商和法人股东。"

曲区长："这些内容网上有，企业前景、项目都不错，主营收入也还稳定，我想了解一下在网上看不到的内容，你可以主要介绍一下它们的金融战略，这以后是它们的主战场，在公共媒体上看到的不多。"

猎头："好的。南国目前的实质举措几乎都是 IPO 之后的战略，在整合了旗下四方面资源的同时，全新的南国推出了南国金融云服务。请看，这是九家知名的金融产品解决方案提供商，因为目前是特殊时期，企业的名称隐去了。南国与他们的战略合作方

> 对方要听金融战略方面的内容，猎头即刻切入重点，通过表述告诉对方南国目前不光提出金融构想，而且有实质性布局和战略合作。

案基本完成，基本合作内容是为各种金融机构提供 IT 资源和互联网运维服务。银行、基金、保险证券等都涵盖其中，并且提供与南国相关联的第三方支付平台的标准接口和沙箱环境。请看这个图据，南国的布局已经渗透到对安全系数要求极高的金融领域，单从这方面来看，框架大于内容显得笼统，南国请您出马的理由似乎不够充分。

"请看这个，在中国，有很多城镇的中小银行、基金证券机构都没有四大行的实力，难以独立地提供高级别的金融互联网服务，而南国金融能够为他们实现在网上交易支付的功能。模拟数据显示，支付下乡的速度远远超出了传统预期。"

曲区长："基层的构思呢？比如农村和乡镇。"

猎头："这正是我想介绍的，区域银行快速低成本的网上交易，一下子打开了农村电子商务发展的瓶颈。农乡富是南

国金融下的二级平台，是专注于农村和乡镇的垂直互联网金融平台，是集 P2P 和 P2C 模式、众筹模式、资产处置模式于一体的中介平台，它的主体业务是供应链金融和合作金融。这个业务将马上开展起来。"

曲区长："具体的开展计划，深入县乡村的思路。"

猎头："计划、思路都有了，但还没有最合适的统领者、执行者。"

曲区长："谈思路吧。"

猎头："在 2 到 3 年内加大投入，建立 500 到 800 个县级运营中心，1 万个乡镇联络点，5 万到 8 万个村级服务站，这个思路与三、四线城市的拓展在战略上是并行的，基础的人才团队、业务骨干已经招聘完成。只等统帅就位，上马。"

曲区长："加大投入是什么概念？50 亿元还是 100 亿元？"

猎头："所以南国现在需要您。有很多的金融理念、战略还需要论证。蓝图是宏伟的，但是绘制还没有完成（助手提示该说海外了）。在秘密开始的海外布局中，南国与一家位于加州

> 具体到基层构思也即将启动，未来规划很清晰，坐等总指挥。让对方心里痒痒的，激起对方更大的兴趣。

山景城的美国互联网企业 24 小时前达成合作意向，该企业到今天为止已经拿下美国 22 个州的金融业务执照，这一步伐还将继续，6 个月内有望在全美执业，南国将通过股权收购

的方式接入美国的金融产品比价服务，帮助用户购买理财保险产品，以美国金融产品比价服务为介质，在欧洲有望实现为用户提供超过 120 种互联网金融产品比价服务，保证欧洲用户通过互联网或手机可以低价买入，不光金融产品甚至酒店预订、交通工具、票务预订，也可以通过该互联网进行比价服务。南国时创是站在他背后的大股东。"

　　曲区长："欧洲央行有一个关于网银监管的一致性呼吁，由此衍生的初始国规则，他们知道吗？"

　　猎头："对，它替代了注册国和业务产生国的旧游戏规则，他们知道。曲区长虽然深陷庞杂事务，但依然眼观欧美大陆，南国的人眼力确实不错。"

　　曲区长："南国认为我有能力掌握这么大的盘子，根据何在？"

　　猎头："源于一个故事。去年在旧金山，南国的老板在一个酒会上遇到了一个叫贾马尔的人，那是在借贷俱乐部的年会上。这个贾马尔向南国的老板提到了您。贾马尔，曲区长，您还有印象吗？那天巧的是，在同一个场合，保圣娜那边负责北美的一个人力资源顾问康平川介也提到了您。您想起来了吗？日本财团访华，在那样的场合，两位不同寻常的人都说起了您，让南国的高层不得不诧异。他们去美国的目的就是找一位擅长金融的 CEO，那位

> 通过对海外市场布局的说明，为对方描绘了一个更加广阔的可施展空间，提供了无限遐想，使对方心动。

雄心勃勃的创业大佬回国做的第一件事就是找您，直到现在（助手提示"别停，追问"）。曲区长，我说了这么多，您还有什么需要进一步了解吗？"

曲区长："你刚才说的这些都是你学的专业吗？"

猎头："学过一点，不算是专业。"

曲区长："功课做得不错，坦率地讲，你已经让我对南国产生了兴趣。"

没有废话，句句击中对方内心，产生兴趣只是水到渠成而已。

猎头："谢谢区长认可，但我知道，促使您产生兴趣的，还有一个客观条件，我知道您很不愿意提起，可我依然想再做一次表述，这个客观条件是你目前在开发区所面临的现实，那里的土壤、气候都在变，变得渐渐不适应您了。新的班子变了，排名、人事、分管都会面临新的布局，包括给您新的安排（助手提示：别小看传言）。"

曲区长："我想的不是这些，我还不是那种庸俗的人。"

猎头："为官一任都希望大有作为，都希望获得晋升，这是人之常情，也是官场活水之源，可是对于您来说失去这次机会或许意味着失去很多，包括失去了您在《财富》上发表学术文章的能力，我们包括您的太太和所有关心您的人都担心，在不久之后有一家不起眼的学术机构，一个'90后'的小编辑会对您说，希望您以后不要再给我们投稿了，这不是危言耸听，后生确实可畏。尽管您在 10 年前就在财经杂志上发表过学术文章，曲区长，有一些退步是不能够接受的。在这里，我和我的同事、您的太太，以及南国集团呼唤一个金融的曲闵京、一个学术的曲闵京、一个创业的曲闵京，能够满血回归。这对您的家庭也是一个非常大的改变。谭老师将以现有职称平调深圳大学外语学院，她将在坐班的现状中解放出 60% 的时间，这对于您和孩子来说都是十分珍贵的。说到孩子，我想提一下他特敏的体质。您看，这是 3 年来北京和深圳空气质量的对比，小云筝的体质和她对于户外运动的喜好，这我就不多说了。总之，您现在面临的是一个有百利而无一害的人生选择，希望曲区长和谭老师能够慎重选择。

"合同上的巨额年薪先不用说，未来的南国集团是一个太好的平台，机会真的难得。曲区长，您可以仔细考虑，但请早下决心。现在信息渗透得很快，我们和南国签约的时间只剩下 5 天了，确实有功亏一篑的风险。一些嗅觉灵敏的猎头公司已经开始介入，还有至少四五个基金管理公司和券商投行的高级管理团队开始向南国投送资料，其中包括香港汇丰的迈克关，曲区长应该认识，他也是您哥大的同窗。现在我理解什么叫同侪压力了。曲区长，如果您有进一步接洽的愿望，南国时创的老板随时能来北京和您单独面谈。那时候所有的承诺都将以文件合作的方式确认下来。"

曲区长："可以见一面，广交朋友嘛。"

为了帮助对方下定决心，还需要最后"一根稻草"的力量，反复锁定兴趣点，指出客观现实——新班子的变动和学术杂志发表的尴尬，说明大势已去，点出有些退步是不能接受的，并点出别的猎头也开始介入推荐人选，促使曲区长早下决心。为了解决其后顾之忧，为其妻女的妥帖安排也实属妙哉。果真是百利而无一害的人生选择。

四、修辞手段，形象具体

举例示范

*什么样的产区好呢？表面上看，世界上有成千上万的葡萄酒产区，但实际上，我们只要记住一些关键产区，在选购葡萄酒时就可以做到游刃有余了。法国的 AOC，西班牙的 DOC，德国的 QbA，意大利的 DOP 等，这些都是当地法律规定的优质产区简称，能标这些词的葡萄酒基本都可以保证优质。

*同一个产区里，一般标注得越细，酒的品质就越好。例如标着"勃艮第—金丘"的要比只标"勃艮第"的好，这就像一个人说"我在北京有房"，另一个人说"我在北京二环有房"。

例句均来自上文葡萄酒案例。通过这些文字，我们可以了解细分产区，如何看关键产区。

形象比喻

*产区对葡萄酒的影响，就像是地段对房价的影响。河北一个小镇

的房价和北京郊区房价能一样吗?

　　*就像一个真正的美人站在你面前,你会觉得她无一不美,而不会觉得哪里怪怪的。

　　*一款梅洛应该品尝起来或闻起来像梅洛葡萄酒,就比如一个男人即使再柔美,也无法当选世界小姐。

　　以上这三段话采用的都是形象比喻的方式。

　　我们再来看一个例子,一位学员上台讲男人,他对男人进行了一些描述和讲解,但花了很多的时间、很长的篇幅,讲得却并不生动。我想起曾经看过的一篇关于男人与女人的文章,文章的描述非常形象到位,就给他举了一个例子,说他完全可以用打比方的方式去讲,既显得俏皮活泼,又能让大家听得懂。我告诉他,其实他刚才讲的男人的这种特质,我们可以用网络信号里面的蓝牙来打比方。蓝牙有什么特点?你若在附近,它就会找上你,当你离开的时候,它又去搜索其他对象了。我说完以后,在场的学员都笑了。这样的表述收效甚好,大家要学会用这种形象的比喻。

　　我要提示大家一点,这个方法也有一定风险,就是你打比方的事物一定得是大家熟悉的。你要是给一群对"蓝牙""Wi-Fi"这些词都不是很了解的人说一堆他们根本就不知道的互联网时代的词汇,这个比方就达不到你预期的效果,所以用这个方法之前大家还是要考虑好。

　　分类比较

　　现在网上购物已是司空见惯的事情,网上购物时经常面临的问题是：想网购的东西，我们看不见实物，虽然商家有图片展示，也告诉我们它的长宽高是多少，但我们对此会有清楚的概念吗？没有，除非身边刚好有一把尺子可以拿出来比画一下。但如果身边没有测量工具怎么办？商家就会利用这种信息缺失来做点文章。比如大枣，商家会拿一个一元钱的硬币跟大枣放在一块儿，买家一看枣的个头的确很大，比一元钱的硬币都大一倍，说明枣是非常饱满的。再比如买包，很多买包的女性往往也会玩 iPad，这时候拿一个 iPad 来做对比，你会发现这个包放一个 iPad 都绰绰有余。比较的作用就是让大家能够更清楚地了解自己想了解的事物。

图与表的应用

有一句话叫作文不如表，表不如图。借助图和表我们能更好地诠释要表达的内容。比如你要去给别人讲五险一金，列了一张表。看完以后他虽然知道各个部分的比例了，但对于养老保险、失业保险、生育保险、医疗保险、工伤保险和住房公积金这些项目，个人缴多少，企业缴多少，依然没有概念。你不如用一张图来跟他说清楚（图9-6）：整个大圆圈表示每个月的税前工资，中间的黄色扇面是个人的缴费比例，从工资里面扣。黄色扇面延伸出来的部分，表示企业缴的五险一金。而且你要告诉他薪资的构成，是这个大圆圈和绿色延伸部分的综合。这样一来，一张图就能讲清楚扣缴的比例关系是怎么样的，工资的构成比例又是怎样的。

所以我们在表述的过程当中，尤其是在工作中要多动动脑筋，了

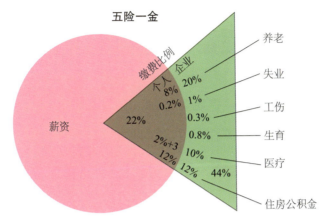

缴费基数：2009 年员工个人实际月平均工资　社保：每年 4 月调整　住房：每年 7 月调整

上限：2009 年北京市职工月平均工资 300%（￥11178）

下限：2009 年北京市职工月平均工资 40%—60%（￥490）

图 9-6　五险一金饼状图

解应该用什么样的方式去讲解，用什么样的方式跟对方进行沟通。

数字解析

有一次我参加某品牌手机发布会，主讲人说到那款手机的存储量是 128G 的，128G 是什么概念？我只能够感觉出来它很大，因为一般手机的存储量都在 32G，64G。128G 一听就很大，但是它究竟大到什么程度？我不清楚。当你要把手机产品推销给消费者的时候，直接告诉他存储量是 128G，他没有直观的感觉；但是如果你告诉他，128G 可以储存多少首歌、多少部电影、多少个软件，这就很直观了，也让消费者更加有概念了。

我们再来举一个例子。某企业家名下有 1500 亿元资产，乍一听好多啊，但如何通过表达让这个数据给人带来震撼的效果呢？可以这么说，假如你一天中奖 500 万元，连续中 10 天，那就会有 5000 万元；你连续中 100 天，就会有 5 亿元；连续中 1000 天，你就有 50 亿元；连续 3000 天中奖，你就会有 1500 亿元。这样一听，是不是觉得这 1500 亿元确实是太多了？所以我们要学会运用数字进行解析，让例子更加生动。

五、化繁为简，规律性强

化繁为简，就是要求你具有将复杂事情简单化的能力。比如你要给别人讲沟通，你可以选择结合用 DISC 工具进行讲解的方法。

DISC 是按照不同的人格特点，将人分成四类，了解清楚每一类型人的行为方式、思考模式后，我们可以迅速找到与不同类型人群匹配的沟通方式。（见图 9-7）

图 9-7　DISC 工具四要素

这样表达，简洁生动，听众也兴趣浓厚。

.

　　在表达时，要对所讲的内容做一些包装。经过包装，你的语言将更能刺激对方，使对方左脑和右脑都能调动起来，让对方的脑海当中呈现出一个画面，让他能实实在在地从视觉、听觉、嗅觉、味觉、触觉方面，感知到你所描述的事情。情境创设、隐而不露、突出关系、修辞手法及化繁为简是让表达更为生动的五种方法。希望大家能够开发出更多、更好的讲话时候能够引发听众代入的表述方式，让讲话更加生动、富有能量。

本课学习要点：

"五觉全开"的视听盛宴，五种方法：

一、情景创设，点燃欲望

二、引而不露，吊足胃口

三、突出关系，锁定兴趣

四、修辞手段，形象具体

  1. 举例示范

  2. 形象比喻

  3. 分类比较

  4. 图与表的应用

  5. 数字解析

五、化繁为简，规律性强

第 10 课
"故事高手"四招养成记

这一课我们聊聊表达的生动性,因为这个话题太关键了。人们可能会忘记你的话语,忘记你的成绩,但他们永远不会忘记你带给他们的观感。在这一课中,我们将教大家怎样成为一个讲故事的高手。你为所在的企业做对外形象宣传,那么你必然要陈述企业品牌背后的故事;你要给内部人员讲企业发展历程,或者你的企业处于初创期,要去做一些商业性质的路演,这些情境都要求你具备讲故事的能力。下面就教大家讲好故事的四大招。

一、选好故事题材角度,让内容深入人心

对外做宣传时,要考虑的问题是:我可以选取的场景有哪些,我可以选哪些故事去讲给别人听。说到选取,不外乎下面十大类故事。

141

你要清楚这十大类故事的价值判断，才能更好地在讲故事的时候去"刻意"地描绘故事场景，让那个场景真正深入人心。

第一种是创业故事。比如马云讲阿里巴巴 18 位创始人的故事。另外，阿里巴巴上市，敲钟人都是马云请来的，他们有的是淘宝店的店主，有的是快递员，有的是家庭主妇。为什么马云选择这些人去讲故事，其实这些人都是他精挑细选的。他们的故事看起来很普通，但实际上又很特别，这些故事包含了从无到有、反败为胜的寓意。讲这类商业故事或创业故事，最大的价值就是让人看到一种厚积薄发的力量。

第二种是榜样故事。讲榜样故事的核心是激励，是信心，榜样实际上不见得必须是最优秀的。我们讲的每一个故事，都是在一个场景下去做的选择，它都要跟我们的表达目的挂钩。

第三种是平凡故事。所谓平凡故事，反而最为动人。比如说在企业发展过程当中，发生最多的就是平凡故事，普通的人比例最大。但就是这些普通的人构成了企业结构的主体，这让我们看到的是平凡当中的生机，或者说生命力。

第四种是见证故事。这个见证，可以是社会的见证，行业内的见证，朋友的见证，也可以是家人的见证。这些都是在你最需要的时候给你最大启示的，这种故事在讲的时候要表达的就是"你看到"，"我"都是通过他人之口，来体现自己的价值的。

第五种是成功故事。我们相信每一家企业都有值得纪念、流传和铭记的故事，这些故事可以用来激励自己，也可以鼓舞后人。这类成功的故事讲的就是企业发展起来，水到渠成的自然结果。

第六种是失败故事。其实失败故事，有的时候比成功故事更有市场。因为只要是企业，就会有成功也有失败。对于一家企业来说，失败并不可怕，有的时候失败反而是一件好事儿，失败可以让人记住企业发展的脉络，帮助企业在后续发展中少走弯路，走得更远。旁人为什么喜欢听失败的故事，因为他能听一个过来人给他传授经验，也能够感同身受，听完后就可以规避一些风险。所以企业在宣讲的时候，不能光讲成功故事，也要讲失败故事，并做好总结，让别人看到企业起死回生的能量，这是一种成长。

第七种是专注故事。我们说认真的人最美丽，同理，认真的企业也最强大。你讲专注就要讲专注的某一个领域、某一种文化。对员工来说，就是员工专注于自己的职责，员工专注于自己的企业。这样的故事讲出去让人听起来会觉得企业有一种传承的精神，有一种匠人的精神，这不是很有魅力吗？

第八种是坚持故事。在概念上，坚持和专注其实是如出一辙的，只不过一个是时间的维度，一个是空间的维度。我们讲空间内的坚持，实际上讲的就是专注。严格来说，专注讲的就是一种坚持。

第九种是创新故事。一家企业要想发展，不能光靠一些旧有的本领。即使掌握了核心技术，有了核心竞争力，也还是要不断做一些创新的，只有创新才能让企业不故步自封，才能让企业不作茧自缚，让别人感受到这家企业的虚心和探索的精神。

第十种是未来故事。"未来"体现的就是企业在从无到有、从小到大之后，对未来的展望，体现的是企业自身的力量和对自己品牌的信心。

我们可以看看马云是怎么讲故事的。

马云在纽约经济俱乐部的发言（部分）

非常荣幸，从来没想到会有这么多人来听我的演讲。我站在这里的时候，感觉自己如此重要，如此责任重大。谢谢你们！

正式开始演讲之前，我想请问一下在座有多少人在使用阿里巴巴的服务？好的，不是非常多。那么，你们当中有多少人从来没有去过中国？好的。

20 年前，我第一次踏上美国，美国之旅的第一站是西雅图。来到美国之前，我从课本、老师、学校和父母那里了解美国，我以为自己已经非常了解美国了。但是，当我踏上这片土地的时候，才发现我完全错了，美国这个社会和我从课本上学到的根本不一样。在西雅图，我平生第一次认识了互联网。

回到中国之后，我告诉朋友们，我打算开一家互联网公司。我邀请了 24 位好友，讨论了两个小时。到了最后，还是没有人理解我想要做的东西，我们进行了投票，23 人选择反对。我的朋友们劝我说："忘了它吧！根本就不存在这么一个叫作互联网的东西，千万不要去尝试。"只有一个人对我说："马云，我相信你，虽然我不知道你想要做什么，如果你想做，就大胆去做吧，因为你还年轻。"

那年，我 30 岁。没有任何的计算机知识、商业知识，我开始了创业之路。我开办了第一家公司，和我的妻子，还有一位同学。我们东拼西凑了 1000 美元，创业之路非常艰难。当时，我觉得自己是骑在盲虎背上的盲人。20 年风雨过去，我存活了下来。但是创业前 3 年，生活真的非常糟糕。我清楚地记得，我想向银行贷款 3000 美元，这花去了我整整 3 个月时间，我动用了所有的关系，还是没拿到贷款。每个人都认为马云在撒谎，因为 1996 年的时候他们不相信有互联网这个东西的存在。

见证故事：让朋友见证互联网能行得通。

1996 年下半年的一天，中国正式接入了互联网。于是，我邀请了 10 位媒体朋友到我家里来，想告诉他们我没有撒谎，确实存在互联网这个东西。为了下载一张照片，我们当时花了三个半小时。大家说："那东西真的能行得通吗？"我说："是的，行得通的，不是现在，是在未来 10 年之内。"不管怎样，这至少证明了我没有撒谎。

创业故事：到此，主要描述创业故事，表现阶段的艰难。

失败故事：在尝试在摸索，成熟的条件还不具备。

坚持故事：接下来就一直坚持寻找突破口，通过业务对比分析，找到精准定位。

我还记得，我们尝试帮助小公司

在网络上销售产品，但是没有人愿意来，因为还没有人在网络上买东西。所以在第一周，我们的 7 名员工自己去买，自己去卖。到了第二周，有人开始在我们的平台上卖东西，我们买光了他出售的所有商品。我们有两个房间，堆满了我们那两个星期买的东西，而且是没有什么用的东西。这只是为了告诉大家互联网是行得通的，但这并不容易。1995 年到 1999 年这期间，我们的创业失败了，没有一样条件是成熟的。

到了 1999 年，我邀请 18 个好友到家里，我们决定再一次尝试，并且把网站命名为 alibaba.com。人们问为什么叫阿里巴巴？我们希望互联网就如同一个宝库，可以让小企业芝麻开门。另外，这个名字容易拼写，也朗朗上口。我们想做的事情，是帮助小企业。

当时，我们注意到美国的电子商务致力于帮助大公司，帮助他们节约成本，而当时中国没有那么多的大公司，而是有很多的小企业，对于他们来说，生存是如此艰难，假如我们能够用互联网技术来帮助这些小公司，这会非常有意思。

专注故事：始终不变地专注于互联网的电子商务领域。

美国习惯于帮助大型企业，这就好比美国人擅长打篮球；而在中国，我们应该会去打乒乓球，去帮助那些小公司。我们需要做的不是帮助小公司节约成本，因为他们知道如何节约成本，他们需要学习的是如何赚钱。因此，我们的业务一直专注于帮助小企业在网络上赚钱。

我们希望阿里巴巴这个公司可以活 102 年。人们会好奇地问，为什么是 102 年？因为阿里巴巴诞生于 1999 年，20 世纪我们经历了 1 年，这个世纪将是完整的 100 年，下一个世纪再经历 1 年，这样横跨三个世纪，102 年。我们这是给了所有员工一个清晰的目标。无论我们有多少盈利，无论我们赚了多少钱，无论我们已经取得什么成绩，都不要认为已经成功。不要忘记我们希望活 102 年，现在才过了 16 年而已，前面还有 86 年。这 86 年中的任何一个时间，如果公司倒闭了，我们就谈不上成功。当我听到这个俱乐部（纽约经济俱乐部）已经有 108 年的历史，我十分惊讶，十分震惊。这其中一定有很多值得阿里巴巴学习的东西。

没有人相信阿里巴巴可以活下去。以前人们说："你们的平台是免费的，你们的公司那么小。"尤其是我们在美国上市的时候，人们又说："你们阿里巴巴是做电子商务的，就像亚马逊一样。"可能亚马逊是美国人眼中唯一的电子商务模式，但是我们不一样。

我们和亚马逊不一样的是，我们自己不做买卖，我们帮助中小企业做买卖。在阿里巴巴的平台上，有 1000 万家小企业每天进行交易。我们自己不送快递，但每天有 200 万人帮着我们配送

榜样故事：亚马逊、沃尔玛等美国企业的成功始终是自己的目标和榜样，有尊敬之心。

3000 万个包裹。我们也没有自己的仓库，但是我们帮助那些中小物流快递公司管理成千上万个物流仓库。我们也没有任何商品库存，但是我们有 3.5 亿个买家，每天有超过 1.2 亿的消费者光顾我们的网站。去年我们的销售额是 3900 亿美元。今年，我们预计销售成交额会超过沃尔玛全球成交额，你要知道沃尔玛用了 230 万员工，而我们只是从 18 人扩大到了 3.4 万人。

我们和亚马逊不一样的还有，亚马逊是一个购物中心，你去逛亚马逊，去买你想要买的东西，就和产品展示的一模一样。但是在阿里巴巴，你看到的产品图片展示和你拿到手的产品或许不一样，人们会觉得惊讶："这怎么有点不一样！"但是他们喜欢这样的购物体验。在美国，电子商务是商务，而在中国，电子商务是人们的一种生活方式。年轻人交换他们的思想，互相沟通，建立信任，建立个人信用记录。就好像星巴克一样，你不是去星巴克品尝它的咖啡有多么美味，这是一种生活方式。这也正是互联网电商如何改变中国的地方。

我们感到自豪的，并不是我们卖了多少东西。我前面提到，今年我们的成交总额会超过沃尔玛——是的，我们对此很自豪。阿里巴巴会在未来 5 年，达到 1 万亿美元的成交额。这是我的目标，我认为我们会达到这个目标。更让我们自豪的是，我们为中国直接和间接地提供了 1400 万个就业机会。我们在中国乡村创造就业机会，我们为中国女性提供就业机会。中国互联网上成功的卖家中，超过 51% 是女性。

　　我们为这些事情感到自豪。有人又会说，阿里巴巴现在做到了这些，你们的下一步是什么？阿里巴巴无处不在，你们的未来打算是什么？今天，

> 成功故事：成交额不断刷新，还创造了很多就业机会，开始了对未来的展望。

超过 80% 的在线交易是由阿里巴巴所创造的，我们未来的目标是将阿里巴巴的业务拓展到全球。这不只是要让我们的公司成为最会卖货的公司，我们希望电子商务的基础设施能够全球化。相比美国，为什么中国的电子商务成长速度如此惊人？因为中国的商业基础建设太差。不像在美国，你们有汽车，线下有无处不在的沃尔玛和凯马特①。但是在中国，我们并没有这么好的基础设施。

　　电子商务在美国如同餐后甜点，它是对主流商业的补充。但是在中国，电子商务已经成为主菜。我们建设了电子商务的基础设施。所以，如果我们将电子商务基础设施全球化，包括在全球范围内提供支付工具、物流中心和透明公开的交易平台，帮助全球的小公司将他们的产品卖到世界各

> 未来故事：给美国企业勾画了一个美好的未来，告诉他们一些不争的事实，营造了一个潜力无限的市场前景。

---

① 凯马特（Kmart），美国现代超市零售企业鼻祖。

个角落，帮助全球的消费者顺利地买到世界各地的产品。我们的愿景是，未来 10 年内帮助全球 20 亿消费者在线购买全世界的产品，而且做到在全球范围 72 小时内收到商品，在中国范围内，无论你身在何处，24 小时内收到商品。阿里巴巴的全球化战略，仍然是致力于帮助小企业，帮助他们以最有效的方式来做生意。我们会在自己的电商平台上，帮助另外 1000 万家小企业。

二、重视故事情节编排，情理之中意料之外

故事编排的五要素指的是亲身经历、英雄之旅、外貌对话、情景设定和情感逻辑。

亲身经历。全世界没有第二个人比你更适合讲自己经历过的事情了，因为你对事件的细节记得最清楚，体会最深刻。

英雄之旅。美国大片的英雄，一般一开始都是不起眼的普通人，在一次意外中知道了自己特有的能量和使命，于是历经各种磨难，不断打怪升级最终通关取得胜利，拯救了人类。我们的故事在编排上就要像这样有曲折性，反转的效果更能突出结果的来之不易。

外貌对话。故事要你自己去讲，营造画面感，如果通过刻画细节，还原事件中人物的对话、语气和语调，就可以更好地实现情景再现。

情景设定。故事情节的推动靠场景展现，场景能让听众更加具有画面感，更容易感同身受。

情感逻辑。故事需要的是意料之外的结局，但推动故事发展的主线，必须要有一定的逻辑性，否则听起来就会散乱。

《我是演说家》第三季，马丁《父与子的战争》演讲稿

今天我想跟大家聊聊我的父亲。我爸出生在浙江的农村，（20 世纪）50 年代的时候他就考上了大学，他就是那个时代中国主旋律的最杰出的代表，他学好了数理化，从此走遍天下，建设四个现代化，遇见什么都不怕。

我爸 40 岁的时候我出生了，我在我妈肚子里我就开始琢磨，将来的日子一定差不了，肯定吃香的喝辣的，他中年得子，他一定会溺爱我的，对不对？非常幸运的是我的父亲跟我的想法不谋而合。我记得小时候他经常慈爱地把我叫到他的身边，"马丁过来，你知道什么叫四体不勤、五谷不分吗？你站好了，你瞧你吊儿郎当的样子，坐没坐相，站没站相，成天油嘴滑舌，数学还没我当年一半的成绩好，我怎么生了你这么个儿子呢？你哪点像我呀？"

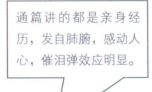

通篇讲的都是亲身经历，发自肺腑，感动人心，催泪弹效应明显。

外貌对话的描述。

大家都听出来了吧，我父亲对我的评价很高，他觉得我是一个吃不得苦，扛不起事儿，没

有继承他任何优点的小混蛋。我对他的评价也不低，我觉得他是一个守旧、抠门，完全没有任何生活情趣的老顽固。老顽固和小混蛋碰到一块儿了，必然就会撞出很多父子"宫斗戏"。说实话，当时我和我爸的战争环境是很残酷的，我什么体力、财力、智力等各方面都不占优势，我只能"游击战"，逮机会偷袭他一下。我总结出来了，我爸最大的软肋是什么，从来不会夸别人。

场景设定：春节团圆饭，父亲和家人说话也不柔和，"不留情面"。

有一年过春节我妈做了一桌子的菜，特别丰盛，我和我姐闷头使劲吃，特高兴。我爸拿起筷子，夹了一块我最爱吃的红烧肉放嘴里了，然后他说出了一句最能烘托合家团圆、其乐融融氛围的过春节的评语："怎么这么咸呢？你打死卖盐了的是吗？不要钱呀？"我妈的脸拉到这儿，我一看机会来了，反击他，我也夹了一块放嘴里："不咸呀，一点都不咸呀，很好吃啊，姐你说是不是？"我姐说"嗯"，我妈的脸又回来了。气氛刚有缓和，我爸不依不饶地把矛头转向了我："你这么小的年龄就学会了趋炎附势，颠倒黑白，指鹿为马，"他连用三个成语，"你不是说肉不咸吗？行，这盘你都吃了，全都归你，不许吃米饭，不许喝水。"我就吃啊，反抗他是要付出惨痛代价的。我妈说大过年的何必呢？干吗跟孩子这样。"你别管，我管儿子呢，从小我就要告诉他，要守

原则，要讲道理，要实事求是，不然长大一定没出息。"我爸
一辈子都不懂得家庭不是法庭，不能
只讲道理，只讲原则，家之所以温暖，
亲人之所以成为亲人，是因为我们之
间可以多讲情，少讲理。

对话描写：父亲对我
的批评教育。

　　当然我爸身上也不都是缺点，优
点也有很多，他最大的优点就是如果
有一百句评价一件事情的评语，他特别
能够精准地找到最难听的那句送给我。
期末考试，我考了全年级第二名，全年
级第二哦，拿到卷子回家邀功，我妈
特高兴，转身准备去给我做我最喜欢吃

场景设定：期末考试，
父亲严格的写照，总是
能精准找到最难听的那
句话送给主讲人。

的红烧肉。我爸说："等会等会，我看看。"看完卷子，他笑
眯眯地转头对我说了一句所有的中国家长都可能在那个时候
说的话，你们猜是什么？有猜到的吗？（观众：别骄傲）"第
一名是谁啊？"就是这著名的一句，第一名是谁呀？当时我
就石化了，一盆冰水浇脑袋上。行，较劲是吧？第二年我考
了全年级第一名，"啪"把卷子摔他面前，我心想这回看你说
什么？

　　我爸拿起卷子说："这道题我给你讲过吧？你怎么又错
了？"我就愣了，然后我爸对着我说出了他这辈子唯一会的
一句人生格言：人最大的愚蠢之处就在于在同一个地方摔倒

两次。大家脑补一下我当时热血上涌的那个样子，我就站在那，直勾勾地站在那看着他，反击："爸，我觉得人生最大的愚蠢就在于他明明想夸他的孩子但是他不会夸。"

中国式的父亲，我觉得最大的问题不在于打骂，最大的问题在三个字：不认同。我爸对我深深的不认同，从小带给了我深深的挫败感，这种挫败感会转化为深深的逆反。你不是想让我学理科吗？我偏不；你不是想让我像你一样成为一名工程师吗？我偏不；你不是想让我凭技术走遍天下吗？我偏不。我大学学的文科，我毕业以后先当了教师，后做了互联网，现在成了一名主持人。这三种职业都不是我爸想让我干的，我靠说话也可以走遍天下。

说实话，跟爸爸对抗的滋味并不好受，我很纠结，我究竟该怎么办？但是随着时间的推移，我长大了，他老了，我们父子之间权力的天平开始朝我倾斜，家里越来越多的事我说了算。他小时候习惯性地否定我，现在我也习惯性地否定他，有什么家里的大事要商量，我爸说"我觉得吧"，我就说："你别觉得，听我的。"每次这种时候我内心都有一种报复的快感，这种感觉特别爽。

情景设定：直到父亲临终。

时间到了 2012 年，我爸病了，癌症。把他送进医院之后几天，我的女儿马琪朵出生了，我给他看照片，我爸特高兴，笑得合不拢嘴说："哎呀，我这大孙女真漂亮，一看就是我们马家人，不行，我得赶紧出院，我哪怕就抱她一下，亲她一下，我就可以瞑目了。"我们就说："爸你说什么呐？你肯定很快就好了，然后你就出院了，然后你就陪着孙女一起长大。"我爸听了我说这话之后，那几天饭量明显地变好，脸色也红润了很多。我就看着天空，暗暗地祈祷，说老天爷请你保佑我爸，让我爸真的能好起来，我跟他作战还没作够呢。

可惜老天爷没听见我的祈祷，我爸的病情恶化得很快，他被送进了重症 ICU，他戴了呼吸器，别说回家了，连说话都说不了。我内心清楚地知道，我爸跟我在一起的日子不会太多了，但是他有一个愿望，我要帮他完成这个愿望，我要把我的女儿抱到医院去让他看一眼，我一定要这样做。所有人都反对，我妈、我姐、我太太，医生也不同意，说："你干吗呀，重症 ICU 啊，你把一个未满月的孩子抱进去，万一传染了什么病毒怎么办？你疯了吧你？"我就疯了，我当时就像疯了一样去跟所有人作战，说服每一个家里人，我去找院长，我说："求求你了，我不能让我爸带着遗憾走，我一定要做这件事，我给你下跪行不行？"

我成功了，他们同意，然后我来到我爸的病床前，我看着他。他那个时候神志已经有点不清醒了，我就轻轻地把他摇醒，我说："爸，我现在就回家，我把马琪朵给你抱来，让你看看她，好不好？"我爸的眼睛一下就亮了，特别的清澈，

155

我知道他特别高兴，特别期待，然后我就跟他说："爸，你别睡着了哦，你千万别睡着了，我马上就回来。"我爸特别想说话，他盯着我的眼睛，但是他说不出来，然后他用尽了全身的力气，做了一个特别轻微的动作。我说："怎么了？爸，你不想见你孙女了吗？"他就是这么固执，他就是这么固执，生命最后一刻了他还固执地为了自己孩子的孩子的健康要拒绝自己最后的一个心愿。

我说："不行，爸，这事你得听我的，我必须这样做。"我爸就看着我，就那样看着我，我就哭着坐在他床边，拉着他的手说："爸，你听我的话，我再也不跟你作对了，但是这回请你听我的。"僵持了很久，我跟他说："我听你的，我知道你是为了我们好，为了我的孩子好。"我跟他聊了很多，那天晚上，聊了很多过去从来没聊过的话，我一直想跟他聊天，但是我没找着机会，直到最后一个晚上我才跟他说了那么多。我跟他说："爸，你放心，我一定把女儿养好，让她特别健康地长大；爸，你放心，我一定照顾好妈妈，我让她又快乐、又健康、又长寿。你放心，我一定好好的，你在天上也会为我骄傲的，爸，谢谢你。"我爸没力气了，他不摇头，也不点头，但是他的眼泪就像我现在一样，顺着眼角

> 叙述了这辈子和父亲说得最多的、最推心置腹的最后一次对话，并展现出父与子战争的反转的关键。

不停地流。这就是我和我父亲的最后一次对话。我爸走了，这场父子之间的战争终于落下了帷幕，没有赢家，但是有很多遗憾。

我的父亲他身上有着无数中国父亲的缩影，我的父亲，他传统守旧，但是他一辈子都恪守着做人的良善和职业的尽责。我的父亲，他节俭甚至吝啬，但是当我买房的时候他把省吃俭用的每一分钱都拿出来了，毫不犹豫。我的父亲，他一辈子都在奋斗，为了家人，为了孩子，为了孩子的孩子，但是唯独的就是忽视了他自己。

爸，如果有来世，我希望能跟你再做一回父子，我们交换一下位置，我做爸爸，您做儿子。我会亲手给您做红烧肉，让我告诉您，和家人在一起吃饭就是世上最好的美味；我会在您考试之后大声地夸您，告诉您只要您努力了，爸爸就为您骄傲；我会把所有的道理和原则都放在地上，用我们父子之间的爱打开我们之间的心门。爸，给我一个机会，让我把您给我的爱加倍地都还给您，让我们再续一世情缘。

爸，我很想您。

情感逻辑：通篇感情真挚，但不影响逻辑的推进。从父亲老来得子本该宠溺自己，再到自己成长中处处与父亲作对，终于在时间的推进中拥有了强势话语权，再到父亲重病，自己孩子的出生，终于理解了全天下父亲的心。父与子战争的不断升级到最后的换位，思路清晰，线条突出。

三、故事与观点，找到最佳结合

成为故事高手的第三个关键点在于故事和观点的结合。学过写议论文的人都知道，我们需要先提出论点，再去讲论据。但其实在实际讲话的过程当中，有的时候真的不必然。我们可以先讲论据再抛出观点，这样一来既生动又不容易引起争辩。试想，你抛出一个观点，别人也许会同意，也许不会同意，这就很容易产生一种辩驳的冲动，一旦不同意你的观点，对方就会先入为主不认可，或者至少表现为没有感知。但如果你先从论据去阐述、去进入呢（表10-1）？对于事实，人们通常是不会产生太大的辩驳欲望的，而且他们很容易开始思考，这样一来，你再说出观点，效果就会翻倍。

表10-1　叙述、论证的步骤

要素	论点	论据
导论	第1步	
A 部分	第3步	第2步
B 部分	第5步	第4步
C 部分	第7步	第6步
结论	第8步	

举个简单的例子。"在讲话的时候，我们要多调动听众的视觉系统，使用有画面感的语言。因为从五觉——视觉、听觉、嗅觉、触觉和味觉的调动频率来讲，视觉占83%，听觉占11%，嗅觉占3.5%，触觉占1.5%，味觉占1%。"如果你给听众就这么说完这组数据，听众会感觉

特别平淡，以至于不见得认可你的数据。为啥？因为你先讲的只是一个论点。但是如果换一种说法，先从你跟外部建立联系时，信息进入你大脑的这一过程入手来表述，效果就会不同。

"当你站在山上，你充分调动自己的嗅觉、触觉、味觉等感官系统，放眼望去，放耳听去，想想看，你是看得更远还是听得更远，或者手能够触碰到得更远，还是说你能闻到得更远？大家很容易知道，肯定看得更远，你能够看到山脚下城市的道路、房屋及车水马龙的景象，但是你听不到车按喇叭鸣笛的声音；要说味觉，恐怕闻的也只能是你身边的植被的味道了；离你太远的你够不着，你的确也没有办法感知。"先这样说完，然后再说五觉系统的调动占比其实是这样的，大家听后会相对更认可。因此，要努力调动听众的视觉，让他们有画面感。

优秀的演讲者，都会用以事寓理的方法，从事实入手，从事实切入，然后再讲事实背后的观点。

四、画面感描述，让听众情景再现

我先讲一个故事：1992 年的巴塞罗那奥运会，男子 400 米半决赛中，英国选手德里克·雷德蒙德在跑到 250 米时不幸腿伤复发，但医护人员想用担架把他抬走的时候他拒绝了，最终他在父亲的搀扶下顽强地走过了终点线。

我相信很多人在表述这个故事的时候，也都是以第三人视角，理性甚至流水账式地带过。现实中很多人讲话之所以不生动，就是因为不会讲故事，不会描述。接下来我们将看到对此事件三种风格的表述。

第一种表述："也许是不服输，也许是不甘心，痛苦之中的德里克·雷德蒙德拒绝了医护人员的担架，在父亲的陪伴下，单脚一跳一拐地向前，坚持完成了比赛。现场 65000 名观众无不为之动容，他们全体起立，为这位极具奥林匹克精神的运动员鼓掌致敬，雷鸣般的掌声在赛场上经久不息。"

为什么这种表述方式比原有表述要好呢？试想一下你去水果摊买水果，水果摊老板告诉你，这些不是烂的，只是卸车时被磕碰了，这是正宗的新疆阿克苏苹果，口感好，性价比高。听完后你会如何选择？也许你依然会选择那堆红彤彤挂着水珠的看起来更加新鲜的苹果；也可能你会觉得老板不厚道，直接就走了。在大件购买比如买车时，我们也会遇上一样的问题。然而许多人最终的决定，无不印证了"所有的信任、所有真相的证据，都只来源于感官"的观点。

我们来看看当时媒体在报道此事时，是怎样把这个故事讲得入木三分，打动人心的。

有家媒体首先起了"梦断巴塞罗那"的标题，并在标题下附了一行小字："在通往成功的道路上，只有快慢之分，没有胜负。"一个震撼人心的醒目标题已经将人带入事件之中，还多少透露着对人生的感悟。接下来的版面用到了几幅图，其中一幅图是他一脸不适，父亲扶着他；另一幅是他自己咧着嘴，很痛苦地继续前行，图片旁边还配了一段说明："也许是不服输，也许是不甘心，痛苦之中的德里克·雷德蒙德拒绝了医护人员的担架，在父亲的陪伴下，单脚一跳一拐地向前，坚持完成了比赛。现场 65000 名观众无不为之动容，他们全体起立，为这位极具奥林匹克精神的运动员鼓掌致敬，雷鸣般的掌声在赛场上经久不息。"

这样图文并茂的表达，会让人的脑海不断出现雷德蒙德的身影，有一种似乎你此刻就在现场的感觉，你甚至可能已经产生了一种无法用语言表达出来的感动。这是故事的第二种表述方式。

第三种方式，是在图文并茂的基础上，再给内容配上一段视频音频，让观众实实在在地看到画面，并结合背景音乐，渲染一种伤心和遗憾的情境，身临其境般感受到他的坚持与现场观众对他的鼓励，他的遗憾与父亲对他的安抚。在课堂上，每当我播放这段视频的时候，学员都大受感动，有人甚至潸然泪下。所以我们要学会在表述故事的时候，去增强对听众五觉感官系统的调动。

综上所述，如果你想成为一个故事高手，那么你需要学会四招：

第一招，确定要选什么样的内容来讲，可以更好地突出主题，体现本次讲话的目标。

第二招，要在故事编排上下功夫。

第三招，一定要学会在表达的过程当中把故事与观点结合，可以先讲论据，再提观点。

第四招，有画面感的描述，充满技巧性的展现，让听众有情景再现的体验。

按照这四招，每一次在讲话之前好好去做一些设计，相信你也能成为一个很棒的故事高手。

本课学习要点：

故事高手"四招"养成记

第一招：选好故事题材角度，让内容深入人心

第二招：重视故事情节编排，情理之中意料之外

第三招：故事与观点，找到最佳结合

第四招：画面感描述，让听众情景再现

可视化讲稿：让你的思想跃然纸上

在这一课中，我们要跟大家聊聊影响表达效果的一些隐性因素。隐性因素，往往是别人看不见的，却能反映出你脑中的思路，这些思路以图景形式存在，这些图景会成为你接下来讲话成功与否的关键。

一、传统笔记的四点不利因素

你们是否经历过这样的事情：你本身准备得很认真，可一站到台上，或是在正式场合下，就会突然"断片"，明明准备好了三点，讲了两点以后，第三点怎么也想不起来，事情过去后，心里总是留下些许遗憾，"我要是不忘词，该多好"（当然，这和心理紧张不无关系）。我们总是很羡慕在压力下，或是在众目睽睽之下，说话的逻辑条理依然清晰、记忆力超强的人。我上大学时，有一次参加学校的辩论赛，当时一位学姐给我留下了非常深刻的印象，因为她每次站起来陈述自己观点的时候，总能向对方辩友发起一连串的回击，第一怎么样，第二怎么样，第三怎么样，而且每一个观点的内容的篇幅都很长。让我们最佩服的是，她通常一站起来就会说明自己要说几点，还会说论据，而且到最后一点都不会落下。

从事培训师的工作之后，我发现有很多学员也有类似的困惑。造成人"断片"的因素有很多，比如紧张、注意力不够集中等。我们来研究一下这个问题，看看能不能找到一种方法或工具帮助我们提升记忆力，在表述的时候，减少"断片"情况的发生。

大家可以回想一下，自己每次上台发言，准备的纲要和目录是怎么列的。我相信大多数人采用的都是传统记笔记的方式，就是一排一排很整齐，写完一行再往下一行写。有时候我会跟学员开玩笑说，你们上学的时候，是不是有那么一段记忆，特别喜欢借班上记笔记记得最好的那个人的笔记抄？他的笔记看起来特别工整，记得特别翔实。实际上我们会发现，这种做笔记的方法，至少从以下四个角度看，都是不利于记忆和思考的。

第一个角度，笔记的检索方面。比如你记了一个学期或者一个单元的笔记，要翻看的时候发觉，自己明明记得老师上课讲过某一个点，可这个点在哪儿呢，从头翻到尾，从尾翻到头，找半天就是找不到。你会发现，传统的记笔记方法对关键词的不明确检索非常不方便，由于它检索不到这些关键词，由关键词展开的对课题的一些联想效果就不明显。

第二个角度，记忆联想的发散方面。传统笔记看起来都是一排一排的方块字，记得很工整，看起来很单调，不容易记住里面的内容。记了半天，最后合上笔记的时候，你会发现又都不记得笔记上面写了什么了。

第三个角度，吸引力程度方面。传统笔记从头到尾的线性表达，既没有重点，也不利于刺激听众的大脑，看这种笔记的时候，很多人会看得想要睡觉。

第四个角度，时间的使用率方面。我们总是为了找到那些关键的、有用的内容翻来覆去地看笔记，这一过程总会让我们不自觉地阅读不必要的材料，记住不必要的内容。期末的时候，老师会在考前画重点、预测考题等，这种引导不就是让你关注学习重点，不要浪费时间吗？

如果我们把以上说的内容可视化（图 11-1），是不是你就更容易抓住要点了呢？

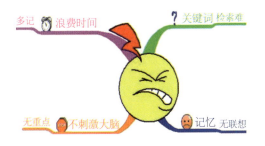

图 11-1　传统笔记的四个弊端

二、可视化图形讲稿的好处

在复习时，我发现有一种方法非常好用，即每次考试前，把整本书讲的重点，或者老师画的重点知识、重点章节织成一张网。比如某个关键词或者知识点，找到由它引申、与它相关的所有内容。我会不断纵向、横向地发散，然后再想下一章节跟这一章节有关系的内容，又去找到它们的关联，并在上面做一些记号。比如老师说了，这一章节的某一个知识点是要点，好，我会把这儿圈起来，在复习的时候也会反复看这个部分。这样一来，不用那么多的篇幅，只需要一页纸，就可以掌握所有的焦点，所有的结构，甚至各知识点之间的关系，复习效率得到了大大的提高。我发现用这种方法，躺床上回忆知识点的时候，也会变得很容易，我可以一个部分一个部分地回忆，哪个部分记得不是很清楚，打开书再回顾一遍就可以了。

多年以后，我开始走上讲台，知道了左右脑的分工之后才恍然大悟，原来我们传统的线性笔记方式，更多调动的是左脑，左脑主要管逻辑、顺序、线性、分析等方面的能力。所以，左脑比较发达的理工科人士，你跟他讲什么，他都会按部就班地代入程序里分析一通，然后得出意见和想法，很少人云亦云。而右脑主要的功能，一般用在使一个人唱歌的时候会更加有节奏、韵律感更强这样的表现上；或者说话的时候头脑当中的画面感会更强，更具想象力和创造性，对于图像的识别更厉害。如今电视节目上的跨界节目越来越多，演戏的来唱歌，唱歌的来演戏，而且似乎都做得还不错，这似乎说明文艺的细胞是相通的。我采用的那种复习方法，充分调动了人的左脑和右脑，也就提高了学习效率，增强了记忆力。那么为什么调动左右脑能提升记忆力呢？因为我们的大脑本身就擅长图像记忆（图 11-2）。

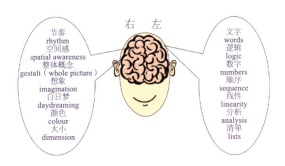

图 11-2　人脑的左右分工

如何记东西？

《最强大脑》有一期节目是中方选手与德方选手对战，对战的内容是由评委任选按一定顺序排列的五十组色子当中的三组，两位选手分别把三组色子上的数字写下来。最终德方选手以一分之差败给了中方选手。台下评委问德方选手哪里出现了问题，该选手回答说："我把每一组的色子都想象成一个画面，每个画面互相独立但又有关联。最后我实在想不起来只能靠蒙了，所以错了。"这时候评委更好奇了，他问道："你为什么会记错呢，你当时想的画面是什么样的？"德方选手回答说："我当时想到一位美女进到一个房间里，但是因为另一个房间里也有一位美女，两个房间又差不多，我脑海里的画面出现了偏差，就给记错了。"评委转而问中方选手：
"这么短的时间记住五十组色子，我很好奇在你的记忆宫殿里
出现的是什么画面，也是美女吗？"中国选手笑了笑，他说：
"我记的不是美女，但是我也是用画面的方法来记。我们的
画面不一样，但方法是一样的。我的画面是在一列火车上面，
所以可能就没有因为美女分心吧。"

不同国家的选手先采用的都是图像关联记忆法，就是因为它符合
大脑的功能结构，让左右脑得到了最大程度的开发。虽然我们不能否
认先天的智慧，但后天通过正确的方式与方法，的确可以让头脑的运
用能力大幅提升，让你的思想直观、形象地表现出来。如果你还在迟
疑，不妨先来看看世界级名人的笔记（图 11-3）。

图 11-3 达·芬奇、毕加索和达尔文的笔记

他们的笔记既有逻辑推演，又有灵感与联想，他们早于其他人实
现了思想的可视化。

　　我们再来看看，波音公司将其飞行工程手册用可视化工具绘制成了 7.62 米长的图形说明书（图 11-4）。如果这 7.62 米的内容被写在一本手册里，当需要排查检修的时候，检索势必就是最大的问题，而有了这个图形说明书，检索时间便可以大大缩短，查找所需内容也就成了一件并不复杂的事情。

图 11-4　图形化的波音公司飞行工程手册

　　同样，用这种图形技术帮助自己，不论是做提纲，上台讲课，做演示，还是做演讲，只要跟讲话有关系的内容，哪怕是组织一个会议，往往都会收到意想不到的效果，说话"断片"的概率会大大降低。比如请你用两分钟时间记住如下这些内容：机动车、人工制品、打击乐、大提琴、铜鼓、福特车、乐器、小汽车、弦乐、帆船、定音鼓、机器、小鼓、小提琴、中音小提琴、飞机。按照一般的记忆方法是不是有一定难度？如果换成图形化的记忆方法，是不是记忆难度降低了不少？（图 11-5）

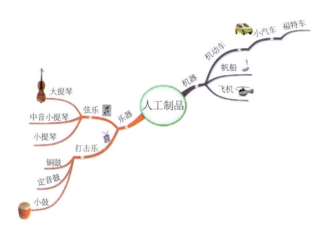

图 11-5 快速记忆的图示化范例

　　因为脑中有图，也就胸有成竹。在讲话的过程当中，要想更好地把控节奏，让大家感兴趣，可以在某个知识点多发散一下，多讲点东西，如果时间不够，也能通过脑中的图形快速删减一部分内容，抓大放小。这样一来，你的讲话是不是就变得很灵活了？

三、如何制作可视化讲稿

　　可视化讲稿这个工具究竟长什么样？大家都看过开得非常饱满的一朵花，它的花瓣是发散型的；再想想蜘蛛网，蜘蛛网是从中心然后往各个方向，以一种镭射状的方式不断延伸的；树上有叶和树根，有主干，有更细一点的分支，还有更细小的部分，而且它也是不断发散的。这种发散的图像很有延展性和生命力。给我们的启发就是，讲话的时候要围绕着一个主题，围绕着一个中心去发散，去联想。（图 11-6）

图 11-6　"发散"的几种范例

在表达时你如果按以下三步使用这个工具，思想就能跃然纸上，讲话就能游刃有余。

第一步：将讲稿结构可视化

事先将讲稿的结构梳理清楚，比如拿 PPT 讲稿为例，本次讲话的主题就是中心，接下来应用发散思维，PPT 的目录页其实就是这张网的主要分支，上面所写的就是 PPT 内容的梗概。依次往下推，第二级分支就是主干接下来的部分即下面的分支，越往下，分支内容就越细。

第二步：将讲稿内容可视化

把这个结构设计完以后，再想提升自己的记忆力，就要依靠画面记忆法了。当你要对结构里枝干上的内容进行表述的时候，不能单记那些枯燥的文字，要记的应该是这些文字转化成的比较形象的画面，这样你讲话的时候才不容易"断片"。

除了记住讲稿结构的树状图，用图像法把内容在头脑当中实现可视化外，我们还要把各个部分内容之间的关联性考虑清楚。比如，第一点和第二点之间有没有什么联系，彼此之间怎么相互支撑，都要考虑得非常清楚。

第三步：将讲稿增删可视化

在讲话时，除了单位的一把手基本可以不受时间的限制，剩下的人讲话都是会被要求在有限的时间里完成的。有位学员和我分享了他本人的一个经历。

他当时是公司的营销经理，年底要在会上向总监汇报来年所负责大区的工作构想。那天非常不凑巧，他被安排在了最后一位发言，由于前面的人占用的时间多了一些，轮到他发言时，快到中午就餐时间了，更不巧的是总监还要去赶飞机。他按照准备好的 PPT 开始讲，讲了 5 分钟就被总监打断要求讲重点。一方面，熬了好几夜做的详细的分析报告他不愿意舍弃任何一点内容（因为已经很精炼）；而另一方面，发言时间突然变短，重点又多，一时被扰乱了思路，结果总监没有听完就结束了汇报，并要求他两周后重新汇报，好多数据、内容只能重新再做。

通过这件事情，我想告诉各位呈现者，不管之前准备的时间多长，都一定要有个心理准备，即现场会有很多突发状况，万一你真的只有 5 分钟时间，你打算怎么讲？这时你就可以借助可视化工具迅速完成删减。当然也可以根据实际情况，增加讲话内容。假设你的发言时间是 15 分钟，按原定情况你只能按部就班，但借助可视化工具，可以根据大家的喜好程度就某一个部分多讲一点，甚至可以做更久一点的补充发挥。

　　使用这种清晰、直观的可视化思考方式，你可以把很抽象的问题变得很具体简单，哪里是重点，每部分的内容是什么，所讲内容彼此的逻辑关系，都一目了然；你也就能根据时间，自如地增删内容了。

本课学习要点：

一、传统笔记的四点不利因素

    1. 检索不方便

    2. 记忆联想很难发散

    3. 吸引力较低

    4. 时间使用率不高

二、可视化图形讲稿的好处

三、如何制作可视化讲稿

    1. 将讲稿结构可视化

    2. 将讲稿内容可视化

    3. 将讲稿增删可视化

第 12 课

锦上添花：用图表和 PPT 征服世界

这一课我们讲讲表达的软实力提升。优质的呈现，其成功是表现在方方面面的，对于每一位演讲者的技术要求也是比较高的。你得是一个好的编剧，得是一个好的导演，得是一个好的演员，得是一个具有灵活应变能力的主持人，最好还得是一个心理学家，更重要的是大多数时候你还得是一个合格的美工师，一个 PPT 制作高手。 PPT 部分可以找专人去做，但是基础的设计思路你还是要有的。

一、PPT 制作的误区

我挑选了一些授课过程中遇到的常见误区，以案例的方式跟大家做一些分享。

误区一：Word 搬家

大多数人在做陈述的时候，都喜欢在载体上密密麻麻地写一堆文字（图 12-1）。请各位思考一下，写这些密密麻麻的文字，是想让领导听你讲为主呢，还是想让领导以看为主呢。如果他专注于看，可能就听不见你在讲什么了。既然让你去讲，就应该以讲为主，"关上 PPT 做演示"，就是让你不要过度依赖 PPT，甚至让它成为提词器。你应该提前熟悉自己所讲的内容，因为 PPT 主要不是给你而是给你的听众看的。

把密密麻麻的文字粘在 PPT 上面，这是偷懒的表现。精简需要时间，提炼总结则需要更多的时间，我们担心自己记不住，就索性把它们全部弄上去，方便到时候照着念。这样一来，文字内容就会很多，

风险控制

依托核心企业 ERP 销售系统
• 每月至石家庄美的销售公司采集 ERP 经销商数据，了解经销商经营状况、销售状况、库存周转状况、账余资金状况等，并结合代理商操盘手、大区经理评估后提出预警
• 不定期参加美的公司组织的代理商会议，了解参会代理商订货及销售情况
不定期查看库存
• 不定期查看经销商及直营店库存变化情况，发现库存异常及时预警
每季一次查看经销商库存，并与代理商及美的石家庄公司进行交叉验证
追加代理商提供担保
• 经销商在我行贷款追加其对应各代理商提供连带担保责任，如果经销商在贷款期间出现逾期或不良，代理商有义务代其偿还贷款本息
• 代理商与经销商签署"三方协议"约定：经销商销售返利延后发放，并将其在代理商账上的销售返利、预付款途额等作为清偿逾期贷款的资金来源
闭合操作、专款专用
• 所有贷款资金只能用于采购美的产品，经销商贷款直接打入代理商账户，再由代理商直接打入石家庄美的电器销售有限公司账户。从而实现闭环操作，防止挪用贷款

图 12-1　常见的 PPT 内容堆砌

在有限的屏幕框架内，每一张 PPT 的文字字号也就很小。不能保证坐在每一个角落里的人都能看到文字，这也是听众流失的催化剂。

这就是大家要避开的第一个误区，Word 搬家。怎么解决这个问题呢？见图 12-2。

阿里巴巴上市路演 PPT（案例一）

三大痛点尚待破解（案例二）

图 12-2　经过文字精简的 PPT 界面布局

从图 12-2 中可以看出，PPT 页面布局有两个重要的特点：第一，一个页面只表达一个观点，划分标题栏（主题信息）和内容栏（论证说明）；第二，页面元素要模块化，让人"秒懂"，清楚每个元素之间的关系。版面处理可以采用图 12-3 的方式：

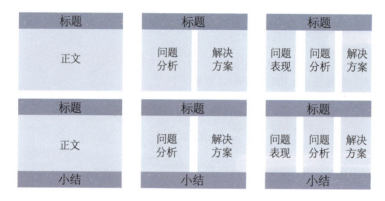

图 12-3　结构清楚的 PPT 版面布局

如果是商业呈现，还可以是图 12-4 这样的。

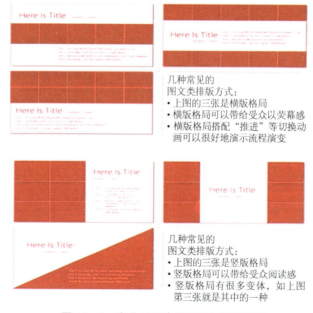

图 12-4　商业呈现中的 PPT 版面布局

误区二：眼花缭乱的色彩

很多人做的 PPT 模板比较简单，要么就是用公司统一的模板，要么就是白色为底的模板。但大部分 PPT（见图 12-5）到后期由于想要突出的重点太多，色彩令人眼花缭乱了，强调的效果反而没有了，无

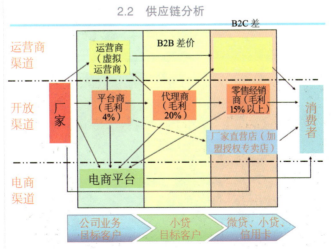

图 12-5　眼花缭乱而无重点的 PPT 呈现

法吸引观众的注意，什么都突出就等于什么都没有突出。所以在一页PPT上，也要有聚焦的点，这与表达时有且只有一个核心的主题是一致的。在这一张图表当中，你到底想要传达什么信息，你最希望大家了解什么内容，就要让对方第一眼就注意到它们，而这可以通过摆放的位置和颜色来凸显。

第一，职场、商务等情境多用冷色系。冷色系多表现出冷静与严肃的特点，使用蓝、紫等颜色作为PPT主色调会让人比较舒服（图12-6），但是冷色系会让人感到乏味，所以应搭配冷暖色过渡带的一些颜色如

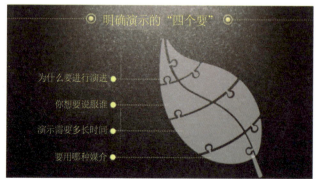

图12-6　冷色系PPT范例

绿色，以实现调和的效果。之所以不要大面积使用暖色，是因为暖色容易引起视觉疲劳。但由于某些企业 Logo 本身就是红色之类的暖色，其 PPT 主色调可以以暖色为主，只是在制作 PPT 时可以通过降低纯度和明度，或者减少色块所占比例，或者选择冷暖过渡带的颜色（橘黄色）来搭配，给听众造成视觉冲击。

第二，学习简单的配色技巧。在使用两色搭配时，可以选用任意图 12–7 所示色轮上相隔 120 度的两种颜色；在使用三色搭配时，则适宜选用 A-C-C 或 B-C-C 式的颜色搭配。

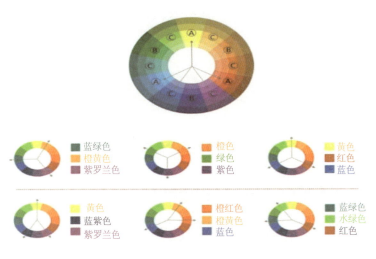

图 12-7　色轮与配色范例

第三，直接套用 PPT 模板。

误区三：滥用图片，文不对题

在制作 PPT 的过程当中，讲究文不如表，表不如图，很多人也都知道这个道理。可是看看图 12-8，图中下方打开的本子、一支羽毛笔和一堆小人举起的手，是在表达什么呢？它和主题的几个关键词有什么关系吗？

PPT 采用的图片，一定是用来解释和说明主题内容的，是能让别人看完图片对这个主题有更加深入了解的。图片使用不恰当，这张 PPT 就是失败的。再来看看另一页 PPT，就比较好地展现出了文字阐述的意思，更重要的是还加强了你对内容的认知（图 12-9）。

图 12-8 PPT 中图片的错误使用

四、不可回避的碰撞和融合会交替发生

移动互联网势力与传统生态的碰撞和融合在交替发生，遭遇政府监管不可避免，与滞后性的政策的周旋和博弈成为对创业者的一大考验。

图 12-9 好图片的标准是各元素相互呼应

误区四: 图表解析不到位

虽然图表作为一种客观事实的依据, 作用很重要, 但看表 12-1, 不知道大家能看清楚什么? 就跟 Word 搬家的误区一样, 这种方式只是

表 12-1　无用的解析图表

附: 存量客户名单 (47 户)

借款人	公司名称	贷款金额 (元)	借款人	公司名称	贷款金额 (元)
曹冶		500000	刘洪标		820000
赵怡		200000	赵佩如		1000000
秦军立		580000	余立娜		1000000
霍华京		1700000	陈金飞		900000
史乐		2000000	耿飞		5000000
蔡永安		150000	杨秋荣		5000000
刘文虎		200000	吕超		250000
丁磊		2500000	文丽君		5000000
闫胜旺		1500000	李俊秀		5000000
邱天用		500000	赵鹏		2000000
李晨光		1800000	张书		5000000
许光辉		360000	翟鹏		5000000
杨建波		5000000	李亚彬		5000000
王文超		1000000	张卫杰		5000000
阮军		2400000	陈娴玲		5000000
郝文胜		2000000	谢元帆		500000
宽华鹏		500000	周男		300000
王红京		3000000	张丽芳		300000
张成刚		400000	王建朋		400000
李号杰		400000	王朔京		900000
孙偎		500000	李艳军		800000
杨爱添		5000000	吴坚		800000
张大鹏		300000			

把我们平常工作表里的某一页给复制粘贴过来而已。这样的图表展示在 PPT 里是有问题的，这其实就是一张没有经过加工处理、没有重点、没有做分析的 Excel 表。当你把它展示出来的时候，对于听众来说，这还是对眼力的巨大考验，你确信坐在后排的听众能看清楚上面的内容吗？

大家在制作 PPT 时，可以多想想怎么让其更干净、更简练，而不是过分追求不相匹配的效果；怎么让其更专业、更干练，而不是如杂货铺般地堆砌；怎么让图表会说话，怎么能让听众明白无误地理解你的意图，使你的演示更加形象生动，产生想追求的效果。

二、怎样高效演示 PPT

在做 PPT 演示的时候，大家必须要有这样一个观念，就是主讲人自己才是最好的视觉工具。一个伟大的演讲家，用不用 PPT 都能够获得成功，不管有没有 PPT，他都知道怎样去和观众建立联系。

某公司一次经销商大会上，首席执行官要面对经销商做一个 45 分钟的演讲，演讲内容做成了一个有二十几页的 PPT，在之前他做了非常充足的准备。当他走上讲台，面向两千多名客户和经销商时，台下立马响起了非常热烈的掌声。可是开始演讲时，他发现大屏幕上面怎么也投不出来东西，工作人员重新启动了一次设备，还是什么也没有。这位首席执行官没有任何惊慌，微笑着走到台前，看着台下观众说："既然无法给你们展示那些我已经准备好的、有文字有数据的幻灯片，那我就来跟大家聊一聊，我们公司今年准备如何帮助各位提高销售业绩吧，你们觉得如何？"台下的观众当即欢呼雀跃。

这次现场事故由于主讲人之前充分的准备，加之他对演讲提纲的熟悉，几乎记住了所有的要点，把一场尴尬化解成一次气氛友好的讨论。

准备阶段

第一招　记录时间做排练

排练其实也是上台前的一场预演，可以分两个部分来排练。第一部分，要计算一下自己的展示时间，建议各位不要采用只看或者默读的方式，因为正常说一遍和用脑子想一遍真的是有很大差别的。你最好用正常的说话语速试讲内容，然后看一看讲每页 PPT 要花多长时间。这个过程要认真做好记录，因为有的人可能习惯于用 PPT 自动播放功能，但很多时候 PPT 是别人帮你手动翻页的，这种情况下就需要把每一页的展示时间计算得更精准，两人才能配合得天衣无缝。最后再做一次完整排练，将你从第一张 PPT 开始到讲完所花的总时长做好记录。大多数情况下，时长能帮助你搞清楚这一次演示大概要花多长时间，以便把控。

第二招　搞清三个说讲重点

我们要搞清楚三个"说"：必须说、需要说、想要说。

"必须说"，指的就是这一页 PPT 中最关键的要点。这一页 PPT 哪怕精炼到只剩一句话也是必须要说的。一定要用简明扼要的语言解释清楚这个要点。

"需要说"，就是你要为关键内容提供一些证据，要给一些支持。

"想要说"，重点内容讲完后时间还允许的情况下，把你想要额外说的内容讲出来。这部分在不同的场合里可以有不同的时长，所以你要去区分这一部分的内容价值到底是什么。

所以，排练的第二部分建议大家可以这样练习：首先把每一页里必须说的部分用比较短（比如 10 到 15 秒）的时间一页一页从头到尾练习一遍，第二次完整练习的时候把"需要说"的内容加上。为什么要这样？在练习的过程中，你需要记住这一页表达的核心要点和重点是什么。只有你把每一页 PPT 当中"必须说"和"需要说"的部分都传递给决策者之后，他才会有清晰简洁的感觉，听众才会信任你。

登台开讲阶段

真正上台开始演讲之前，还有几个技巧需要记住。

第三招　不时黑屏

展示 PPT 时不要一个劲儿地按下一页，而要时不时让屏幕上面的内容消隐一会儿，这会让观众把所有的注意力集中在你这个主讲者身上，同时也可以避免在你走进投影仪的投射范围的时候，屏幕上投下一片阴影。比如你想以两分钟时间做一个强有力的开场，跟听众们来一段交谈，或者详细地阐述一个观点，就可以采用这样的方法。开讲时，你在屏幕上投射 PPT 的首页（封面页），先把它黑屏，再跟大家自由地聊一些事情，然后再亮起投射屏幕。你要时刻提醒自己，在一次呈现和讲话中，重点是你而非 PPT，PPT 只是起到了锦上添花的作用，不要过分依赖 PPT。

第四招　PPT 正常播放中的查找和切换

假设你今天准备了 40 页或者 50 页 PPT 给高管和客户呈现，讲到第 10 页时突然被客户打断问到可能出现在第 40 页的一个内容。这时候你如果手忙脚乱去找，只会显得你很慌乱。应该提前把 PPT 做成讲义打印出来，当客户提到某一内容的时候，迅速在讲义上找，看它在第几页。此时你的 PPT 是正常演示，也就是整页展现在屏幕上的，你可以在键盘上从容地调出你要找的那一页比如第 40 页，然后跟客户自由地进行探讨。等你回头接着讲第 10 页的内容时，只需要再用鼠标操作一下，就可以回到刚才讲的那一页。这样，你就做到了从容镇静地应对，让人觉得你对自己所讲的内容非常熟悉。

第五招　站在听众左边做演示

PPT 演示过程当中的站位很重要，能站着就别坐着。为什么？你坐着的时候，很容易被那个比你大很多的大屏幕抢了风头，而在演示中它可不是重点，你这个演示者才是重点。在讲话的时候采用站立的状态，能更好地把控全局。这一点我是深有体会的。

我去给政府机关单位讲课，通常主席台上都有一排几乎不能移动的桌子，我每次都会问，除了放在桌上的立式麦克风，还有没有手持麦克风，因为我要下去跟大家进行交流。那是几百人的会场，你坐那儿讲的时候，会发现下面偏后排的人，由于看不清 PPT 通常就会各玩各的，但是如果你站起来，让他们能看见你，你就可以跟他们多交流，就能更好地掌控全局，走神溜号的人也就不会那么多了。

另外，你最好站在听众的左边。因为大多数人的阅读和写字习惯都是从左到右的顺序。听众的目光也一定是从左看到右的。如果你选择这样的站位，听众看到你就会很舒服，第一眼重点先看到的也是你。

一般放在主席台上的讲台跟屏幕之间的关系也是这样的，也是人在屏幕的右侧，即听众的左侧。

第六招　讲完再分发材料

展示时，手头有一些展示材料需要发放，在什么时间发放合适呢？如果在演讲前分发材料，大多数决策者会立刻翻找那些关键的要点和最后一页去阅读总结。因此，为了确保观众跟你的进度是一致的，在讲完之后再去分发材料，这样能够保证大家先听清楚了你在讲什么，再针对细节进行讨论。

本课学习要点：

一、PPT 制作的误区

误区一：Word 搬家

误区二：眼花缭乱的色彩

（1）职场、商务等情境多用冷色系。

（2）学习简单的配色技巧。

（3）直接套用 PPT 模板。

误区三：滥用图片，文不对题

误区四：图表解析不到位

二、怎样高效演示 PPT

第一招　记录时间做排练

第二招　搞清三个说讲重点

第三招　不时黑屏

第四招　PPT 正常播放中的查找和切换

第五招　站在听众左边做演示

第六招　讲完再分发材料

下篇

心门打通——销售式说服的魔力

hi...

表达是双向的。一次成功的表达除了自己要会说，还要会倾听和说服对方。本篇将介绍倾听和说服过程中的一系列技巧，助你摆脱成功沟通最后的掣肘。

第 13 课
如何在倾听的同时打破讲话僵局

从这一课开始，我们将带大家进入第三阶段，学习心门打通、销售式说服的关键技巧。在职场和生活中，很多人都有说服他人的需求，如果我们只会强势出击，强行扭转，往往会让对方口服而心不服，很难产生主观能动性，对未来事务的推进也会形成不小的阻力。如果我们想让对方发自内心被说服，就必须掌握一套循循善诱的方法，让对方主动敞开心扉，只有这样我们与说服对象才能更好地达成共识。

用语言说服对方的过程就如同医生给病人看病，我们需要大家能够像医生看病一样去"问诊"。"问诊"的第一步就是会听，说服别人之前要先用你的耳朵听听他们在讲什么。对于那些性格外向、擅长言辞的人来讲，我们可以比较容易找到他们内心的诉求；但是对于沉默回避、暴力抵抗型的人，我们往往就会束手无策，要想让他们开诚布公地跟自己交流观点，就变得难上加难，但解决不了这个问题，就推进不了谈话。

我们看看这样一个情境：A 的闺密璐璐几个月来一直在跟一位神秘男子约会，刚认识对方几个星期，璐璐的变化就非常大，以前花钱大手大脚的，现在非常省吃俭用，连自己喜欢的鞋包都不舍得买。A 每次想要跟她谈一谈最近的变化，想问问她那个神秘男子的时候，她又总是闪烁其词，然后一头钻进自己的房间，一晚上都不出来。经过多方打听，A 知道了，原来那个神秘男子是搞艺术的，没有稳定收入，还得经常靠璐璐接济。一天，A 碰上璐璐和她那个神秘男朋友约会回来。A 当着璐璐男朋友的面把她拉进屋里，生气地说："你为什么要在这种人身上浪费时间？你看看你，人家越谈恋爱越漂亮，你怎么把自己搞成现在这样？"璐璐也很生气："你凭什么干涉我的爱情，你过好自己的日子就行了。"说完，她气呼呼地出了家门，重重地把门关上："我就不能有个男朋友吗?！"这时候就剩 A 一个人呆呆地坐在客厅里，不知道该怎么办才好，思绪变得越来越混乱，A 不敢想象璐璐和那个"艺术男"继续交往下去，结果会怎么样。璐璐激烈的言词，也让 A 感觉到很伤心，A 开始慢慢地意识到，她们之间的关系正在跌入失控的深渊。

假设你就是 A，面对这个问题，先要问问自己的真实目的到底是什么，在思考这个问题时，也要注意调整情绪。如果思考完了，你还是要以自己的方式劝说她，那么结果是可想而知的。面对这种暴力抵抗的说话对象，你可以运用以下四步去沟通：了解想法、观点确认、再次表述及正向引导。我们将通过行为方式模型的方法，帮助对方营造安全感，鼓励对方道出行为动机。

第一步，了解想法。所谓了解想法就是要鼓励对方说出自己的想法，当你表现出对对方的兴趣的时候，对方就不会迫于压力而陷入沉默或者暴力了。你要做到的不是强迫对方接受你的观点，而是鼓励对方说出他们的看法，这样你才能让对话走向正轨。常见的鼓励性话语包括"发生什么事儿了""我想听听你对这件事情的看法，如果你有不同的观点，可以直接告诉我""别担心你的想法和我不一致，我很愿意了解你的想法"等。

回到闺密璐璐的案例，为了了解璐璐的想法，调整好情绪后，你可以试着去敲她的门，问问能不能和她聊聊。这时候璐璐的语气可能是非常冷的，"随便"。你走进璐璐的房间之后，坐在她的床边，主动道歉："对不起啊，我不应该那样说你。"璐璐的语气当中虽仍带着些许不满，但也会回应你的道歉："我刚才话也说重了，我只是觉得很多时候你很强势，全都是你说了算。"这时候你就知道了璐璐的想法，就可以顺水推舟："那我们能谈谈这件事儿吗？"她这时候多半会答应。

第二步，观点确认。如果直接询问没有办法让对方开口，你可以通过观点确认的方法来营造更多的安全感。在使用这种方法的时候，通常要学会客观描述，说出自己观察到的对方的言行习惯的细节，然后鼓励对方就此进行讨论。在确认对方感受的时候，应当扮演的是镜子的角色，只负责反映他们的外在表现或者行为。比如对方说"没事儿，我很好"，但，说话的人这时候皱着眉，焦虑地四处张望，然后脚也不耐烦地踢来踢去，他的表情和语气就表明他其实是在生气。人的语气和体态隐含了情绪的信息，所以就可以用观点确认的方法来了解对方的真实想法。"真的吗？从你说话的方式来看，你好像并不好"这样的话，可以体现自己对对方应有的尊重和关注，类似的观点确认句式还有"你好像对我很生气""看起来和他理论会有点紧张，你确定要这样吗"等。

　　具体到闺密的案例，通过"了解想法＋观点确认"的方法来推进对话，你可以这样说："从你说话的语气来看，这件事情确实很严重。但是呢，我还是想听听你是怎么想的，为什么你会觉得我很强势呢？"这时候璐璐就会说出实话："我之前谈的那场恋爱，你就劝我离开，说我在浪费时间……"

　　第三步，再次表述。了解想法和观点确认，的确能帮助你部分了解对方的想法，但要进一步了解对方为什么会出现这种感受，你就可以通过重复对方话语的方式，为他营造更多的安全感。但是这里说的重复，并不是一字不差地把对方的话复述一遍，而是用自己的语言，去说明自己了解的内容，例如："你看看我的理解是否正确，你感觉我每次都在干涉你的爱情，这让你觉得我很强势，是这样吗？"要提醒大家的是，和观点确认一样，使用再次表述这个技巧的关键，也在于你陈述的时候，必须保持冷静、镇定。

　　这时候你要对璐璐表达的观点，可采用再次表述的办法，做进一步确认。"我自私地劝你分手，干涉你的幸福和爱情，你是这个意思吗？"璐璐回答说："之前那个人的确对我不好，可是现在这个真的对我不错，凡事他特别能替我着想。我没有你漂亮，工作也一般，不可能找个像你男朋友那样的男朋友，但是我知足，我只想好好谈个恋爱，不想一到过节，就自己傻傻地在屋里待着。"那这个时候你就明白了："哦，你的意思是说我和你周围的朋友都有男朋友了，所以碰上一个对你还不错的，你就动心了，对吧？其实要是我的话，我也会产生这种感觉。"这样的回答，就是再次表述。

第四步，正向引导。有些时候，尽管对方愿意袒露心声，但你能感觉到，他们还是缺乏安全感的。遇到这种情况，你就应该使用主动引导的技巧了。所谓主动引导，就是要让对方做出积极响应，在响应的过程当中，对方会主动提供一些信息。

当璐璐说"那你知道了还劝我分手"，这时候就要主动引导了。你可以这样说："亲爱的，你看我的想法对不对。你是觉得自己太孤单了，一到节假日，大家都有人陪，而你只身一人在这偌大的城市，连个说话的人也没有。我知道你准备报考在职研究生，你们单位人少工作量又大，你需要有人聊聊天说说话，而我最近光忙着谈恋爱了，也没顾上关心你。"这时候璐璐坐在床上沉默了许久，慢慢地流下了眼泪。"为什么我这么辛苦，找个男朋友却把自己弄得这么拮据……"

不知道大家有没有发现，其实对话已经从这里开始进入了正题，闺密两人也可以开始讨论真正的问题，让彼此对对方的观点更加了解。

综上所述，我们在讲话的过程当中，完全可以通过了解想法、观点确认、再次表述及正向引导的方法，用一种剥洋葱的方式，层层深入，了解自己想要了解的内容，并且能够诱导对方说出自己的想法。同样，我们在职场当中碰到类似问题的时候，也可以通过这四种技巧来帮助自己更好地了解对方的动机。尤其是对于那些沉默回避型和暴力抵抗型的人，这样能够更好地帮助对方敞开心扉，让他们愿意说出自己的真实想法。

本课学习要点：

一、现实工作与生活对说服能力的客观要求

二、让对方敞开心扉，实现互相沟通的四步

  1. 了解想法，鼓励对方主动说出自己的想法

  2. 观点确认，通过描述确认对方感受

  3. 再次表述，复述但不是复读对方的观点

  4. 正向引导，积极回应对方的心声袒露，给对方以更大的安全感

第 **14** 课
如何通过提问获得有效信息

　　上一课我们跟大家分享了如何像医生看病问诊一样，通过四步，挖掘对方的内心想法，引导他们说出自己的诉求。这一课我们继续学习看病问诊中关于"问"的技术，如何问得清楚，如何通过提问获得想要的任何信息。

　　从学会说话，我们就会提各种各样的问题，但慢慢大家会发现，掌握的知识越多，词汇量越丰富、人越老练，提出来的问题反而越糟糕。提出正确的问题就这么困难吗？事实是，如果你没有掌握有效提问的几个关键招式，提问有时候就是这么困难。

一、有效提问的三个招式

横推下切——同一时间，只关注一个主题

　　我们先看一段技术服务人员和顾客之间的对话。顾客说："我的软

件不允许我修改图片。"技术服务人员问："这是什么样的图片呢?"这样的对话实际上已经把问题引到了图片上，而不是在解决这个软件的问题，而作为一名技术服务人员，要想更好地去解决问题，就必须组织好对话，因为只有通过对话，才能够更有针对性地查找问题，从而对症下药。

在解决这个问题之前，我们先来看看，小孩子是怎样进行思考的。如果孩子对某一件事情产生了浓厚的兴趣，比如他看到一幅圣诞老人的图片，他会和你产生这样的对话：

"这是谁？"

"这是圣诞老人，他正朝咱们家走来呢。"

"他为什么到我家来？"

"他是要给你带来一些东西。"

"是吗？他会带什么东西来呢？"

"是玩具，但是他不会每天都给你带东西，必须要在一个特殊的夜晚他才出现。"

"哪个夜晚啊？"

"圣诞前夜，他不仅会来咱们家，他也会去其他小朋友家里。"

"那他是怎么做到的啊？"

孩子在他感兴趣、好奇的事情上，往往会表现出很强的询问欲望，这时候很多父母会觉得，孩子的问题为什么都那么多，自己都不知道怎么去回答。但是通过和孩子一场不预设立场的问话，父母会发现，孩子就是在关注问题本身。因此，你要想通过问问题，了解到你想要的信息，首先要具有好奇心。

我们再来看一个案例。你想要知道今天中午同事们都吃了些什么，会怎么样去问呢？你可能先问，你中午吃的什么，对方可能会告诉你，"牛排"。如果按照成人的思路，跟进的问题就是，"是吗，在哪家吃的"。如果这样问，你能获得的信息量就非常有限，换句话说，你可能就没有办法知道他中午除了吃牛排，还吃了一些什么东西。所以应该怎么问呢？更有效的问答应该是这样的：

"哦，牛排，很不错啊，看来你今天胃口很好。那你今天中午除了吃牛排，还吃什么了呢？""我还吃了土豆丝，还吃了一块饼，还吃了……"

这时候你就可以跟进提问，顺理成章地回到牛排上来："你吃的牛排是在哪家吃的？"问问题，要将目标牢牢锁定在一个焦点上面，即一定时间内，只关注一个主题。

按照这个思路，关于刚才技术服务人员和顾客的对话，我们可以给一个相对好一些的版本："你的软件出现了什么问题？""它不允许我修改图片。""当你使用这个软件的时候，还会碰到其他的问题吗？""它不允许我在打开应用窗口的时候插入图片，在我重调这个图片颜色的时候，它会陷入瘫痪状态。""还有别的问题吗？""没有了，就这些。"

在有效的询问技术之下，技术服务人员用一系列的询问，调查清楚了顾客遇到的软件的使用障碍，而这些问题都是围绕着软件产生的。在这样的展开方式之下，他会更清楚地了解顾客的问题到底在哪里，才能迅速从技术层面抓住重点，帮助顾客。这就是有效提问的第一招：横推下切。所谓横推下切，就是当我们去询问某一个点的时候，要通过"还有呢""除了这些还有吗""有什么补充吗"这样的问题，先横向地针对某一个问题点展开，再选取其中的某一个点进行具体纵深性提问，这样提问效果会更好。

不预设立场——做无偏见的提问

如何能够直接而无偏见地提出问题呢？在许多情况下，人们在提问的时候难免会带着一些偏见，有的时候这种偏见对后续的对话会产生极大的影响。比如下面这个对话案例。假设在下班的时候，你发现同事公文包里有公司的 U 盘，如果你问他为什么公文包里有公司的东西，你是要把它带回家还是怎样，或者干脆说，你是要偷公司的财物吗，那接下来，你一定没有办法进入一个好好对话的状态。如果语气变得和缓，对话效果就截然不同了：

"不好意思，我刚才看见你往公文包里放了个 U 盘。"

"是啊，这就是小物件的好处，易携带。"

"那这么说这个 U 盘是公司的呗。"

"这还用说，咱们的拳头产品呀。"

"那就是说，它不能带回家用。"

"当然不能，那是违反公司规定的。"

"那我想知道它是怎么出现在你公文包里的呢？你是要把它带回家，对吗？"

如果是这样的对话，不会让对方一开始就产生严重的抵触情绪，你们的对话能很顺畅地进行。所以我们在设置问题的时候，一定要想想，如何无偏见地提问，不要预设立场。

定调子——积极愉快的问题设置

在对话得到推动的目标下，提问的时长要尽量简短、简洁，提问时要带着亲和力，为接下来能更好了解对方，更顺畅地谈话做好有效铺垫。一个简单的、有亲和力的问题，往往能使讲话引导对方更加愉快地回答接下来的问题。

比如你负责的大区业绩一直遥遥领先，而本季度下滑得比较严重，开会时总监问你："业绩怎么会下滑？怎么回事？"这问题直接倒是直接，但给人感觉有埋怨的语气在其中，让人心里不免会想，难道只能遥遥领先，不允许有任何一点闪失与突发状况吗？虽然你依然会一一解释与汇报，但你会有些低落，心里感觉非常不好。

如果总监换一种问法问你："我们先来谈谈你们市场的情况，最近有什么特别的事情发生吗？"这样的开场白，会让你更好地融入与总监的谈话中。像这样的问题设置，我们把它叫作定调子。你的问题是会引起对方一连串好的回答，还是引导对方进行无效的回复，很大程度上取决于你的技巧和策略。所以我们在问题的设置上面，语言简单，语气具有亲和力，能让对方积极愉快地回答，是非常重要的。

二、五种好问题

在了解有效提问的三个招式之后，我们按照类型总结了五种好问题。我们将通过例子让大家分别了解直接提问、控制局面、重复提问、总结发问和 X 问题这五种好的问题是怎么帮助并推进我们的讲话的。

直接型问题：直接提问，单刀直入

直接型问题，一般是比较简单的问题，基本上是基于正常的逻辑进行询问的。比如"他是谁"（Who）、"在什么时间"（When）、"具体是什么"（What）、"在哪儿"（Where）、"为什么"（Why）、"怎么做"（How）这样的问题，以"5W1H"的方法进行提问。

控制型问题：控制局面，推进谈话

当你提出一个问题的时候，其实已经知晓它的答案了，之所以要再一次提出这个问题，是为了进一步测试对方是否在说谎、掩饰，或者是否集中注意力。

假设你正在推销一个数据库产品，这个数据库产品价格昂贵，有来自高级专家的分析助力和不同于其他平台的卓越的操作价值，市场前景广阔。但你觉得目前正讨论的订购计划并不能满足你销售的预期。你想从客户那里获得更多信息，改善你的订购策略，于是你和顾客产生了这样的对话：

"你已经知道了产品的大致状况，请问还有什么需求？"

"我们需要对该数据库提供不间断的服务，给我们的客户提供有竞争力的信息，以帮助他们执行计划、安排策略和实现目标。"

"还有其他需求吗？"

"就是这些，这其实已经足够了，能做到这些已实属难得。"

这个时候，你可以通过第一个控制型的问题来了解对象：

"你为什么认为这对你而言是一个最好的数据库？"

"声誉，我相信所有人都知道，有很多优秀的专家都参与了这个数据库的开发工作。"

"你考虑过其他数据库吗？"

"没有，我相信你们的数据库是最出色的。"

"那么你什么时候想启动这个订购计划呢？"

"立刻，所以你可以为我们开通24小时的免费系统试用权限吗？我们最迟明天会做出决定。"

"请问你熟悉该数据库的操作吗？"

"我非常清楚，去年我就使用过这个系统了。"

在这里出现了一个危险的信号，因为对方已经非常清楚该系统的操作，那为什么他还要24小时的试用？这里存在一种可能，就是对方并没有付款的意思，而只是为他的员工争取到24小时免费试用的机会。所以在这个关键时刻，你应该继续跟进问题，以控制整个局面。

"这个数据库系统适合你们，我非常高兴。不过呢，我需要你的信用账户，来填写一些基本的信息，并且明天免费试用结束之后，将产生一定的使用费。"通过这样一个问题，你可以探知对方到底有没有意愿订购你的数据库。如果对方回答"谢谢你，我们将讨论一下这个问题"或者"稍等，我们一会儿再回复你"，那不管结果怎么样，你都已经控制了这场交易，并且让结果向有利于你的方向发展，即使最终客户不会订购，你也不会多浪费 24 小时的宝贵时间和期待。所以我们在谈话过程当中，通过控制型的问题，可以控制和推进谈话的过程。

重复型问题：重复发问，锁定真相

如果我们想确认某品牌商在产销会上会带多少台设备入场，可以通过不同角度的询问方式来确认。"你们打算陈设几台设备？""3 台。"这时候我们换个角度去问："那会来几位技工？"最后人家回答你："5 位。"我们通过不同的方法，了解到设备和技工人数不一致，说明其中另有隐情，需要深入了解。通过重复型的问题，我们会同时揭露、得到一些不一致的，或者是值得怀疑的问题和信息。重复发问，就是用不同的询问方式问同一个问题，逐渐逼近事实真相。

总结型问题：总结提问，重新审视

假如你是一位汽车销售人员。有一对年轻夫妇走进你的店，要求试驾一辆尊享版的汽车。

你问道："您开车的主要用途是什么？"

女士回答说："上下班和带全家老小出游。"

"那汽车对于你们来说还有别的用途吗？"

夫妇俩回答说："周末去拜访父母，大概也就是这些了，他们离我们住的地方有一点远。"

这时候，我们可以通过控制型问题来问对方："你们为什么认为尊享版汽车是最好的选择呢？"

这对夫妇交换了一下眼神，男士说："我们喜欢这种类型，因为它比其他的车要好。"

那这时候你接着问："您最喜欢的颜色是什么？"

女士回答说白色。

这个时候就可以用到总结的方法。通过客人的描述，你对他们的需求已经有了一个框架式的了解。

你也可以通过一些总结型的提问，保持对消费者需求的持续跟踪。

你可以说："我们这里正好有一款，您刚才提到喜欢白色的尊享版汽车，这辆车，符合您的预期吗？"

男士说："我们可能想要一个空间更大一点的。"

"你们为什么觉得尊享版、大空间的最适合你们呢？"

你再一次询问这个问题，是一种对刚才对话的总结，是重复确认重要信息的一种方式，你想要知道他们是比较关注汽车的外表还是价格。对方回答说："因为这种类型的汽车跑在路上才是最安全的。"我们看到对于这样一个总结性提问的回答，实际上确认了他们的确是想要这样一辆汽车，而不仅仅是看中了它的外观。

根据常理你还可以确定，在确保安全的基础之上，他们可能会比较在乎价格。所以适时地给他们打一点折扣，或者介绍他们贷款买车，这次销售也许会获得一个圆满的结局。

你询问的一个问题，同时又包含了一些总结性的信息，通过这样的总结，来重新审视这个问题，以获得对方更加明确的回答，这就是总结型提问。

X 问题，突如其来

X 问题可能与主题无关，是印证某人是否撒谎的一个侧面或者是非关联的问题。我们通过不同的问题，逐渐接近事实真相，并促使对方敞开心扉，谈及内心的真实感受。

比如在一场面试中，我们可以在询问当中切中要害的问题，通过"你过去接手的项目当中有哪些是失败的，你是如何尝试解决这个问题的"这样的问题，轻松了解对方的感受。

对方回答说："我尝试着通过号召并团结与该问题相关的部门一起出谋划策，解决这个问题，感觉就像我去激励孩子在篮球场上，竭尽全力地争夺篮球一样。"这时候，有的面试官不会采取继续让对方处在"被审讯"的状态下，他会给对方喘口气的机会，就对方正好讲到的激励孩子这个话题，他会询问："你孩子多大了，你从他几岁就培养他这种不放弃的意识？"

这样一个 X 问题，表面上与探讨的主题无关，是一个唠家常的话题，但是其实它在接下来马上就要进入的盘问阶段"您是怎么激励孩子的"这些问话中，可以帮助面试官了解对方的管理能力。他会进一步问："如果把一件事情搞砸，你会试图如何去补救？"

在持续推进讲话的过程当中，可以通过 X 问题缓和气氛，打破僵局和尴尬，在谈话当中加上几个修饰词，以转移对方的话题和注意力。

这一课，大家学习了如何有效提问以获得精确信息。希望大家掌握问问题的三个招式和五种好问题，只有掌握了这样的说话方式，才能更好地通过问问题去了解对方，真正地促进对话发展。

本课学习要点：

一、有效提问的三个招式

1. 横推下切——同一时间，只关注一个主题

2. 不预设立场——做无偏见的提问

3. 定调子——积极愉快的问题设置

二、五个好问题

1. 直接型问题：直接提问，单刀直入

他是谁（Who）、在什么时间（When）、具体是什么（What）、在哪儿（Where）、为什么（Why）、怎么做（How）

2. 控制型问题：控制局面，推进谈话

控制和推进谈话

3. 重复型问题：重复发问，锁定真相

逐渐逼近事实真相

4. 总结型问题：总结提问，重新审视

重新审视，获得更明确回答

5. X 问题，突如其来

打破僵局，避免尴尬

第 15 课
如何让对方肯定，愉快推进谈话

上一课我们跟大家分享了医生看病问诊当中"问"的技术，教大家如何问得清楚，从而获得想要的信息。这一课我们将就具体的技术和方法来与大家分享一下如何愉快地推进谈话。很多人都知道，要想让谈话有序、愉快地进行，就应该让对方多肯定，少否定，也就是减少双方对信息的争辩。

举个例子，你的学员跑过来向你："老师，我听见你上课的时候老清嗓子，你是不是最近嗓子不太舒服？"你回答"是的"。学员又说："做老师真的是太不容易了，我发现大多数老师都有咽炎，所以您一定要保护好自己的嗓子。"你可能又点头回应，"嗯，好的"。这时候学员又说："老师，我以前嗓子也不太好，后来我得到一个秘方，发现效果还不错，您可以试试。"这时候你的兴趣就被调动起来了。这次谈话能愉快地推进，就得益于说话者给对方营造了一个非常安全、舒适、放心的环境，让对方在说 yes 的过程中，推动双方的对话。

要想得到一个大大的 yes，必须从得到小的 yes 开始。可是在现实中，我们的谈话往往不会如此舒适、顺畅，对方可能出于某种原因不愿意说，或不想说。我们该怎么有效地调动对方的情绪呢？

一些对话层次比较低的人，通常会忽略安全感这个问题，因为他们只会毫无顾及地说出自己的想法，根本不会考虑对方怎么接受这些信息，能不能接受这些信息。层次高一些的说话者，会意识到谈话中不安全感的出现，可是他们还会采取错误的方式解决，比方说他们会采用甜言蜜语掩饰问题。可是对于对话的高手来讲，他们绝对不会耍这种花招，因为他们很清楚，要想解决问题，必须对问题进行讨论，而且不能带有任何掩饰、虚伪和欺骗的成分。所以他们的做法会和其他人完全不同，他们会暂停对话，先营造安全感，然后再返回对话，一旦恢复了安全的对话气氛，他们就可以和对方进行自由讨论了。我们就围绕着这个暂停对话之后的三种有效应对招式来进行学习。

一、在必要的时候向对方道歉

假设你身处这样的情境：你手下的几名员工正在连夜为公司副总的视察做准备，你是主要负责接待副总的，届时其他成员会向副总介绍你们工厂近段时间取得的一些新突破。大家对近期的成果都很满意，因此即使加班加点也没有叫苦叫累，大家都在做着很细致的工作，希望能够做到完美。让人没想到的是，白天上班时，公司的副总却给你们来了一个出其不意，他在来工厂之前提出了一项方案，从你的角度看，你觉得这个方案不但会影响到产品质量，而且会让公司失去最大的客户。你决定先解决这个问题，而不是等领导到工厂来视察工作时再提出，因为接下来的谈话将决定着工厂未来的发展。经过努力，你成功说服了副总，调整了先前制订的方案，取消了视察，却忘记通知已经忙了一晚上的下属。

出办公室时，你碰到了自己的下属，知道自己的工作近乎白做后，他们一脸疲倦和失望，对你的所作所为很愤怒，说："我们干了整整一晚上，您居然连个照面都不打，也不发个短信，这算怎么回事啊？"大家越说情绪越激动，感觉自己辛苦的付出，没有受到尊重，尽管你不是故意的。这个时候你发话了："我必须在公司未来和工厂视察工作之间做出选择，如果再让我选择，我还是会这样做。"这下子，你就会与员工陷入一场无休无止的口水战。

面对这样的情况，你可以先用应对技巧当中的第一招，道歉。既然你忘记了通知员工，那么你就应该向他们道歉，而且要对你的做法为他们带来的麻烦和痛苦，进行真诚的道歉。你可以这样说："没有通知你们视察已经取消，我感到非常抱歉，你们连夜的努力，本来是有机会展示工作成果的，对于这件事情我没有做出解释，所以我要向你们道歉。"你真诚的道歉恢复了和对方谈话的安全气氛，接下来你就可以解释事情的具体经过了。在必要的时候向对方道歉，是让对方说 yes 的最好方法。

二、利用比较引导消除误会

如果道歉还是不能达到预期效果，你就应该采用比较引导消除误会的招术。所谓比较引导消除误会，就是要讲他们的心理预期和自己想法的差别，可以是"我不希望你们认为我不重视你们的工作，认为我不想向公司副总汇报"，也可以是"正相反，我认为你们的工作表现是非常突出的"。这样说话可以消除双方之间的紧张气氛。

回到刚才的情境，你这么讲就可以继续就这个视察的问题寻求一些补救措施，这时候你就可以讲一讲事情的经过了。你可以这样说："很不幸，在我准备安排视察工作的时候，公司副总提出了一个问题，可是因为这个问题确实要当场解决，它会给咱们整个公司未来的发展带来很大的影响。这样吧，明天副总要来参加一个剪彩仪式，我看看到时候是否可以请他来视察一下你们的工作，也好让你们向他展示一下你们工作的业绩。"

利用比较引导消除误会，让对方不再抗拒。用这样的语气，双方的谈话就得以顺利推进了。

三、提出共同目的

我们可以通过一个案例，来学习怎么找到双方一致的目标。

郑樊是一家拥有数十亿元资产规模的控股公司的分析师，因为竞争对手极力抛出的橄榄枝，他在下决心辞职后向上司提出了离职，公司的首席执行官林拜找到他进行了细致的交谈，最后林拜成功留住了这位优秀的分析师。我们分析一下，林拜是怎么让对方说 yes 的，从而推进谈话，让双方达成共识的。

第一，寻求对方的理解。在对话之初，林拜先简单设定了议程，解释了他为什么出现在这里，并且想听听郑樊的想法，为什么要离职；之后他开诚布公地说出了自己对郑樊离职的感受和看法，并告诉郑樊，他需要郑樊留在团队施展自己的才华，同时也非常感谢郑樊这么多年在公司做的贡献；林拜还向郑樊询问了他希望通过这个对话达到的目的。

在两人对话的开始阶段，他们采用的是积极寻找共同目标的方法。在寻找共同目标的阶段，沟通就需要主动一些，尤其是在情绪和冲突交织的时候，我们不要羞于表达自己对别人的需要和对话的目的，要用坦诚和真挚，建立起与他人情感的联系，从而让对方敞开心扉，表达他内心的所想、所感。

第二，识别对方的想法。对话目标的情况大致了解之后，林拜立刻切入对话的主题。这个部分谈话需要提出好的问题，引导展开有意义的对话，林拜非常清楚一点，就是郑樊的议题和自己的想法一样的重要。他明白，要想达到自己的愿望，他必须全力满足郑樊的想法，所以他通过这样一些问题开启两个人的对话。

他问了"能让我知道为什么你决定离开公司吗？是什么事情或者问题促使你辞职的""你是我们公司十年的老员工，你怎么评价我们公司及你的工作呢""你觉得有什么东西是你的新雇主可以提供给你，而我们做不到的"这样的问题，并用心听取对方的想法。林拜最终确认，他对郑樊的离职原因已经非常理解，并且和他达成了一致。

第三，表达自己的想法。在对话当中，林拜一直全神贯注，他最终了解了郑樊的想法和需求，对于郑樊的不满，他也表示了歉意。在明白了郑樊的需求之后，林拜就详细地表述了自己的需求和愿望。他告诉郑樊，公司需要他这样高度专业的人才完成公司最大的收购合并；公司希望他完成几个悬而未决的交易，如果他此时离开公司会遭受巨大损失；公司需要他培养新的分析师；提醒他公司已经资助了他的MBA的高级进修；同时林拜也没有忘记表达，他突然提出离职而没有告诉上司，上司其实也是有很大的不满的。通过表达自己的想法，双方得以坦诚地交换了各自的意见。

第四，承诺共同行动。林拜跟郑樊开诚布公地分享了各自的感受和看法，清楚了对方具体的需求和愿望之后，林拜又非常诚恳地打开了对话的大门，他问郑樊："我需要你的帮助，你愿意留下来吗？"郑樊也坦诚地说，其实自己是很喜欢这份工作和这个公司的，他经常能回忆起和大家并肩作战的时光。林拜又问郑樊："现在我已经从你的角度理解了你的想法，你也明白了我的想法。如果我在力所能及的范围内纠正这些问题，你愿意留下来吗？"经过一番权衡和林拜的游说，郑樊最终选择了留下。

这个案例给我们的最大启示，莫过于"行动胜于雄辩"这句话：行动是成功的关键因素。我们在行动的过程当中，一定要有清晰的思维路线，都要对自己分内的事务做出承诺，因为明确了承诺内容，双方才有共同努力的动力。另外，这份承诺还需要提供一个可衡量的结果，以帮助双方达成目标。这就是构建共同目标完成终极 yes。

　　学会了以上的招式，我相信大家在未来，一定能够更好地推进对话，愉快地达成各自的目标。

本课学习要点：

　　　　让对方肯定的三个招式：

一、在必要的时候向对方道歉

二、利用比较引导消除误会

三、提出共同目的

　　　　1. 寻求对方的理解

　　　　2. 识别对方的想法

　　　　3. 表达自己的想法

　　　　4. 承诺共同行动

第 16 课
如何营造氛围，促进对话

交流过程除了要会说，还得注意观察。你要想讲到别人心里去，就得有很强的观察能力，营造良好安全的对话氛围，才能让对话一直走在正轨上。这一课，我们就来学习如何营造氛围，促进对话。

设想一下这样的情境。你正在和同事进行激烈的讨论，本来是一次关于新产品市场投放方案的正常讨论，可经过一个小时的互相批评和指责后，却变成了一场令人讨厌的争执，最终大家闹得不欢而散。在大厅里你开始琢磨，这到底是怎么回事呢？几分钟的时间，就让一次正常的讨论演变成口水大战。更让人郁闷的是，你连争吵的起因都搞不清楚，只是依稀记得，当你开始把自己的观点灌输给别人的时候，马上有三位同事开始对你怒目而视，然后局面就变得一发而不可收拾了。

当天晚些时候，你和全程参与了这次会议的搭档谈起了你的困惑，他向你讲述了事情的经过，你发现很多细节自己完全没有注意到。你的搭档解释说："你太过于强调产品营销方案这件事情，太过于关注内容本身，表现出来的状态，让人感觉好像是在指责他们，所以大家都有抵触情绪。你注意到了吗？有句话你说得非常过分，说完以后在场所有的人都情绪激动。另外，我发现开会的时候，你喜欢用带有绝对性的词句，你只顾着证明自己观点的正确，其他人的感受，表现方式，他们的语气、语调等各方面，你全都视而不见。所以这些同事就像在比赛场上的斗鸡一样，一挑就蹦起来了。"你很疑惑："怎么，难道你们在激烈讨论的过程当中，还会留意这些问题吗？"搭档说："那当然，我会同时观察两个方面。当情况变得棘手的时候，我既要观察对话的内容，也就是我们讨论的主题，又要观察对话的气氛，也就是参与者的反应，我必须同时关注内容和原因，如果你能够弄清楚对方为什么生气，为什么保留自己的观点，或者为什么沉默以对，咱们就能想办法把他们拉回到正常的对话中来。""你是说多关注气氛，然后就能和他们顺利地展开对话了？""大多数情况下是这样的，不过你得清楚你到底要关注什么。我关注的这两个方面的关系就像作用力与反作用力，你通过观察对话，可以判断在哪些情况下会出现冲突，马上就可以做出应对。你越早意识到跟对方已经偏离了安全的对话轨道，就能越早做好把你们两个之间的讲话拉回到正轨上的准备，你才能讲进他心里去，所花费的代价也越小，反之就越大。"

很多人在讲话时都不具备这种双轨道处理的能力，也就是同时关注对话内容和对话气氛两个方面的能力，往往会陷入对话的内容里面拔不出来，腾不出精力去观察自己和对方的对话氛围有哪些细微的变化。即使在对话当中出现的情况让我们大吃一惊，我们最多也只是觉得，怎么搞的，好好的谈话竟然变成了这样。不知道关注哪些细节才能推动对话，能够给事情带来转机，实际上就是没有办法看到事物在发展过程中究竟发生了哪些变化。为什么会这样呢？为什么身处激烈讨论当中却浑然不自知，看不到自己面前发生的细微变化呢？

　　要想让对话始终保持在安全氛围中，就要及时发现问题，我们必须关注对话释放出的两种信号。第一种是不和谐信号，第二种是失去安全感的信号。

一、识别不和谐信号

　　当对话从正常讨论变成激烈争执的时候，你就必须开始留意了，留意那些标志着关键对话的信号。比如生理信号，如眼睛干涩、打哈欠等；行动方式的细微变化信号，比如有的人讲着讲着，会突然提高嗓门，或者会对人指手画脚，或者变得异常安静。识别出这些信号后，你要命令自己暂时后退，放慢节奏，在重新掌控这个局面之前来认真地做好应对。

> 平时你可以多想想自己的情况，当对话不和谐的时候，你的身体会有什么反应。每个人的生理反应不尽然完全一样，但基本的信号是基本一致的。

　　调节他人情绪的步骤，分为两个阶段。

第一阶段

（1）了解原因。

（2）准确理解对方情绪。

（3）等待，直到对方说"是"。

第二阶段

（1）给对方下结论并解释说明。

（2）指出道路。

有一些人更善于关注自己情绪的反应，并努力放大或抑制这些情感。在给企业做培训的时候，我经常被要求讲一个内容，即表达时如何控制自己的情绪，其实情绪控制就是让大脑回归理性思考的行动。

怎么调试自己的情绪呢？你需要经历五步。

① 产生反应——理顺自己的情绪，承认它们。

② 情绪释放——放松自己，让情绪自然过去。

③ 恢复冷静——继续放松，回想一遍平时调解情绪的方法。

④ 打起精神——考虑怎么做可以减少损失。

⑤ 重整旗鼓——去做。

二、识别失去安全感的信号

有人会问，正常的讨论到口水大战，是怎么演变，或者说怎么恶化的？是单纯说话者表达的内容让人感到气愤了吗？我们来想想自己的经历，你有没有遇见这样的情形，在和他人进行对话的时候，尽管对方的观点听起来让人很不舒服，但是你并没有产生一种抵触的情绪，你还是会认真聆听他们反馈的信息，仔细思考他们的看法，然后让自己可以坦然接受对方的影响。你不妨问问自己，为什么在这样的情况下你会自动自愿地接受一些令人不愉快的信息？

这是因为你认为对方在说话的过程当中，充分考虑了你的利益，你觉得接受这些信息是安全的，并且你相信对方的动机和能力，所以在这种情况之下，即使你不喜欢对方的观点，也还是会做出积极的反应，而不是表现出自我防御。问题的关键并不在于对话内容本身，而在于对话的方式和气氛。如果在谈话的过程当中双方都不能很好地营造和驾驭气氛，不能让对方感觉到安全，那对方善意的话语，也会被彼此当成是一种威胁，会产生错误的解读。这样的话，我们还怎么能愉快地推进讲话？我们还怎么能达成共识？我们还怎么能讲到对方心里去？这已经是一条有阻碍的路了。

不和谐的对话，交流就很容易成为尬聊，两个人根本没法同频，着实痛苦，多说一句都是多余。所以我们要学习在说内容的同时，营造双方对话可持续的氛围。那么在营造氛围的时候，接下来的四点就是至关重要的。

第一，倾听。倾听不同于听，一方面强调多听少说，另一方面知道听是为了说，因而身体语言要专注。什么样的身体语言是专注的？比如你对某一件事情特别感兴趣的时候，你的身体是前倾的，你的眼睛充满期待地看着对方，这就是专注，你要表现出来这种专注。

第二，在沟通思想的同时，还要沟通感情。不光要有思想上的交流，情感上的内容也要有对接。

第三，及时回应对方的观点。对话之所以能继续，就在于有来有去，如果对方说完，你没有回应，这种对话是很难持续下去的。

第四，在营造氛围的过程中，衔接语言，应多是肯定句式的认同。在与别人聊天的时候，什么样的人是你很反感、不愿意沟通和交流的？一定是经常你说东，他说西，你说南，他说北，总是跟你反着来，没有一句话是顺应你的，总是从另一个维度、另一个侧面来说话的人。这样的人讲上两三句，估计你就不愿意再跟他交流了，所以要用肯定句进行衔接。

案例:《亮剑》中李云龙探望赵刚

李云龙笑声出场，自始至终全神贯注地看着政委。

赵刚:"老李，前两天政治部同志来看我，也和我谈起了这次战斗的起因和经过，我想了很久，我在想，如果当时我在，我会不会制止你的行动。"

李云龙:"你肯定会，当时那种情况你要是不制止，你就不是赵刚了。"

赵刚:"你这话说到点子上了。凭我的性格，我肯定会制止你。可是话又说回来了，如果我制止了你，那也没有后来的胜仗了。这里面有些值得思考的东西。你知道，

及时回应。

我的性格是谨慎有余，魄力不足。这种性格是有缺陷的，虽说不会惹出大祸，却也成不了大事。"

李云龙："老赵，要是把咱们两个的性格均匀一下那就能干大事了！"

肯定衔接。

赵刚："可惜这是不可能的，性格这东西很怪，你可以有意识地去调整它，却无法改变它。我在反思，如果我是独立团团长，我很可能把独立团带成一个遵守纪律的模范团，这样的团队不会干出出圈的事，会坚决执行上级命令，这都没问题！可遗憾的是，这样的团队未必是一支强悍的部队、一支嗷嗷叫的部队、一支拖不垮打不烂的部队！"

李云龙："那倒是。乖孩子往往没出息。淘气的孩子往往能成大事！"

肯定衔接。

赵刚："这才是问题的关键。我们现在正在进行一场战争，战争有自己的法则，我们的第一目标是打败敌人，而打败敌人靠的是勇猛顽强的军队！没有这样的军队，民族独立，国家主权，那都是句空话。你无法想象，一个由乖孩子组成的团队，能和像狼一样凶狠地与对手过招。"

李云龙："老赵，你说我们这次打县城，咱独立团打对了。"

赵刚："对，打得好。打出了咱独立团的威风！就为了这个，处分、撤职都值！我想我要是在的话会和你一起干的！"

李云龙："老赵，和你搭档真对脾气！你是我这辈子见到最好的政委！"

赵刚："说实在的，我应该向你学习，培养自己能干大事的性格！我明白了，一支部队也是有气质和性格的，而这种气质和性格是和首任的军事主管有关，他的性格强悍，这支部队就强悍，就嗷嗷叫，部队就有了灵魂，从此，无论这支部队换了多少茬人，它的灵魂仍在。"

李云龙："兵熊熊一个，将熊熊一窝。要说魂，只要我在，独立团的兵就嗷嗷叫，遇到敌人就敢拼命，要是哪一天我牺牲了，独立团的战士也照样嗷嗷叫。我就不相信他们会成为棉花包，为什么呢？因为我的魂还在！"

既是衔接，又是感情的沟通。

李云龙的性格相信大家都知道，说一不二，比较强势，这次和赵刚的沟通一改常态，留给政委更多的说话时间，虚心听取对方想法，每当对方说完就用肯定衔接给出回应，更重要的是，认真听清楚政委的观点后，也能在回应里适时推进对话。

本课学习要点：

对话中的双轨道处理能力，保证内容和氛围的和谐，关注对话释放的两种不良信号：

一、不和谐信号

调节他人情绪的两个阶段：

第一阶段

（1）了解原因

（2）准确理解对方情绪

（3）等待，直到对方说"是"

第二阶段

（1）给对方下结论并解释说明

（2）指出道路

五步调节自己的情绪：

（1）产生反应——理顺自己的情绪，承认它们

（2）情绪释放——放松自己，让情绪自然过去

（3）恢复冷静——继续放松，回想一遍平时调解情绪的方法

（4）打起精神——考虑怎么做可以减少损失

（5）重整旗鼓——去做

二、识别失去安全感的信号

营造有安全感对话氛围的四法：

1. 倾听
2. 沟通思想也沟通感情
3. 及时回应对方的观点
4. 多用肯定认同句式衔接

魔术公式：如何让你的演说对象行动力飙升

上一课讲了怎样避免争议和不必要的误解，使双方就价值认同更快达成共识。在这一课中，我们要在同心同向目标达成一致的基础上，继续学习如何在讲话时，增强和提升话语的影响力，然后让对方的行动力转化变得更强。这里介绍一个非常重要的公式，叫作魔术公式。这个魔术公式，其实是一种来源于销售技巧的表达技术。

礼品店的诱惑

有一年我去九寨沟，途经阿坝州藏民区的一个特产礼品店。导游就说，大家下去休息一下，可以参观一下，不买东西也没有关系。所以我们就放下了戒心，跟着讲解员走进了展厅。首先，有个讲解员带我们参观了整个工艺线，让我们了解到藏民们生产的流程是什么样的；之后，我们来到一间展厅，这个展厅向我们展示的是桑蚕丝和普通棉花在形态、手感等方面的差别，还让我们直观地看到在讲解员手中的丝放在水中丝丝不断的完整性；紧接着，他带我们去看了一床用蚕丝织好的被子，被子的光泽度非常好，摸上去滑滑的，手感非常舒服。这时候讲解员就给我们讲起了桑蚕丝对于女性皮肤会有怎样的好处，还给我们展示了蜀锦工艺织成的缎子被，让我们对比，让我们感受。很多人觉得工艺、手感都堪称上乘，现场氛围特别好，还搞起了知识问答赠送丝巾的活动，这时候有些妈妈就有一点蠢蠢欲动。但是大家都知道，桑蚕丝被本身就贵，再加上又是蜀锦工艺，价格不会便宜到哪里去，所以大家都没表示要购买。这个讲解员仿佛已经知道了大家的心理，他这时候说，大家知道市面上一床这样的被子要卖到××元钱，是可以送给外国友人的赠品，很多都是蜀锦工艺的……但是今天，只要原价的三分之一，大家就可以拿走，这个项目是支持藏民的福利性工作，所以价格比市面上便宜。你不光可以买走一整套的床上用品，而且还买一赠一。这样一说完，各位妈妈都心动了，据不完全统计，当时我们的团里头，有六位妈妈快速地下单，像抢一样把桑蚕丝被拿到了自己的手里面。

在这个表述的过程中，或者在这个销售的手段里面，讲解员用到了魔术公式里的三个很重要的表达要素：第一个表达要素叫作图像化信息勾勒，第二个表达要素叫作沟通中的得与失，第三个表达要素叫作成本效益。

一、图像化的信息勾勒

在桑蚕丝被的案例中，讲解员没有一上来就让大家买被子，他也没有采用纯讲解的方式，而是让团成员自己摸，自己看，自己对比，自己感受，让大家实实在在体会了一把。其实这种方法在销售中用得非常多。

比如各位女同胞去商场买护肤品的时候，通常销售人员都是这么跟你说的："姐，你看你脸上都有小细纹了，对付这种小细纹你一定要用滋润、保湿的产品。而且你知道吗？我这个面霜里含有……，它还能产生更多的胶原蛋白，让你的皮肤肤质、面色也能得到改善，气色会比现在更好……"等买回家以后，你才发现这种护肤品的效果真是仁者见仁，智者见智，不能说完全没用，但是神一般的功效是没有的。从中可以看出，用适当的图像化信息去勾勒重点，的确很有效。

蔡明出演过一个小品，一个业主到蔡明扮演的售楼小姐那儿质问，说他们当时做售楼宣传的时候，这个小区里面的绿化非常好，整个的绿化占到了小区的百分之多少，现在怎么光秃秃的，都没有几棵树？而且他们说有小桥，有流水，还有仙鹤，小桥流水在哪儿呢？仙鹤在哪儿呢？

其实很多时候我们买东西，买的是心里的一种图景，买的是心里对未来的蓝图，所以在讲话时也要学会去制订和规划蓝图。

二、沟通中的得与失

　　说服本身就是一场谈判，我们一般不可能真正说服对方，而只能是在说服的过程中，让对方感觉到自己得到的比较多，也就是说如果一定要有一个笨蛋的话，那笨蛋是我们，对方一定是聪明的那一位。

　　我们要搞清楚得与失的关系，这个感觉就像买东西的时候，你看上某一个商品，觉得这个商品可能就值 7000 元，可是对方老板喊价8000 元，双方一番讨价还价，你说 7300 元行不行，对方老板僵持了几轮之后，说要 7800 元。其实卖 7800 元他也有赚的。对于老板来讲，实际上他的成本可能就是你说的 7300 元，但是他不能马上就松口，所以在 7800 元僵持了一会，最后他松口 7500 元。你感觉你也赚到了，买卖双方都非常愉快。

　　从上文提到的案例里，我们就可以看到，对方就是让你觉得，在今天，在这里，你得到的会比较多，买一赠一，你买的是蜀锦的工艺，又是蚕丝被，又是如此实惠的价格，还对自己的皮肤、身体都有益，这不是很好吗？

三、成本效益

　　什么叫成本效益？比如推销员在做推销时，一定要让对方感觉到，他的成本是最低的，但是他的效益、收益、收获是最大化的。只有找到这样的切入点，销售才可能获得成功。放在讲话中，我们也要让对方有这样的一种感觉。

魔术公式的这三点特性大家要融会贯通，说白了，魔术公式就是给对方建议，让对方产生行动，增强对方行动说服力的公式。公式的原型是事实＋建议＋好处；也就是说，从事实切入，然后讲观点和建议，最后讲这件事情带来的好处、价值到底在哪里。事实体现的就是第一个要素，用图像化信息勾勒重点；好处体现在第二个要素沟通中的得与失和第三个要素成本效益上。

《芈月传》中芈月面对全军将士的演讲

芈月问："你们为什么要造反？"

蒙骜答："让你还位于大王，请回甘相，与诸公子罢兵。"

芈月："朕当政，就真的有违天意？嬴华、甘茂等人的主张，就真的这么受人拥戴吗？你们当初当兵必定不是为了造反，你们沙场浴血，卧冰尝雪，千里奔波，赴汤蹈火，为的不仅仅是效忠君王，保家卫国，更是为了让自己活得更好，让自己在沙场上挣来的功劳，能够荫及家人；为了能让自己建功立业，人前显贵。是也不是？"

"今日站在这里的，都是大秦的佼佼者，你们是大秦的荣光，是大秦的依仗，是也不是？

> 关于初衷的画面，令士兵回忆当初。

"我大秦曾经被人称为虎狼之师，

令列国闻风丧胆。可就在前不久，五
国陈兵函谷关外，可我们却束手无策，
任人勒索宰割，这是为什么？我们的
虎狼之师呢？我们的王军将士呢？都
去哪了？

辱没军队，唤起羞耻感。

"大秦的将士，曾经是大秦的荣光，可如今却是大秦的耻
辱！当敌人兵临城下的时候，你们不曾迎敌为国而战，却在
王位相争中自相残杀，这就是你们的作为！

"曾经，商君之法约定：只有军
功才可受爵，无军功者不得受爵；有
功者显荣，无功者虽富无所荣华。可
有些人就是不愿意尊商法，要恢复旧
制，所以才派人来杀我。你们也不情
愿，也不想实行新法是吗？为何你们
站在了靠祖上余荫吃饭的旧族那边，

分析利弊得失，让他们
自己算一笔账，点醒士
兵们，不要糊里糊涂成
了被别人利用的棋子。

自愿成为他们的鹰犬，助纣为虐，使得他们随心所欲，胡作
非为！使得商君之法不能推行，兄弟相残，私斗成风。

"你们的忠诚，不献给能够为你们提供公平、军功、荣耀
的君王，却给了那些对你们作威作福，只能赏给你们残渣剩
饭的旧族们，是吗?!

"将士们，我承诺你们！从今以后，你们所付出的一切
血汗，都能够得到回报，任何人触犯秦法都将受到惩处！秦

国的一切，将是属于你们和你们儿女的！今日我们在秦国推行这样的律例，他日天下就有可能去推行这样的律例。你们有多少努力就有多少回报，你们可以成为公士、为上造，为不更、为左庶长、为右庶长，为少上造、为大上造、为关内侯，甚至为彻侯，食邑万户！你们敢不敢去争取？能不能做到?！"

此时，所有将士齐声大喊：我们能、我们做得到，我们能、我们做得到，我们能、我们做得到……太后、太后、太后……

讲成本效益，职场的晋升靠的是你个人的能力，打破王侯将相与生俱来的特权，普通人也可以争取到改变命运的机会。是政策和语言收服了人心，而不靠强势的说服，这是典型的己方市场表达法。

魔术公式实际上可以有很多变形，希望大家能针对不同的人群，针对不同的事情灵活使用。比如，有人可能会说，如果我想给领导提建议，或者想指出领导的一些错误，但是我又舍不得以离职为代价，有没有这样一种方法，既能够做到提出建议，又能自保的呢？因为人们都常说伴君如伴虎，在职场上是老板主沉浮。如果在嘴皮子功夫上有几把刷子，那这几把刷子可能会把大老板毛躁的脾气给刷平。我们来看看古代的大臣们，同样是进谏，死谏的人不仅搭上了自己的性命，也未能扶大厦于将倾；而那些巧妙进谏的高人呢，不仅讨得了皇上的欢心，而且还能力挽狂澜。

荀息智谏晋灵公

春秋时期，晋灵公继位不久，就开始大兴土木，修筑宫室楼台供自己和嫔妃们享乐游玩。一次他想建造一个九层高的楼台，以当时的科学水平、建筑条件，这么一个宏大复杂的工程，要消耗多少人力物力啊。可是晋灵公不管这些，他征用了大量的民工，花费了巨额的钱财，持续了几年也没能完工，上上下下无不怨声载道，但是大家敢怒而不敢言。晋灵公还明令宣布，如果谁敢提批评意见，劝阻他修建九层之台，处死不赦。这样一来谁愿意去送死啊？

一天，一个叫荀息的大夫请求觐见晋灵公。晋灵公料定他是来劝谏的，所以便拉开了弓，搭上了箭，只要荀息一开口劝说，他就射死荀息。可谁知道荀息进来以后，像是没看见一样，非常轻松自然，笑嘻嘻地对晋灵公说："我今天特意来给主公表演一套绝技，让主公开开眼，散散心，不知您可感兴趣？"晋灵公一听，马上说："什么绝技，别卖关子了，快表演给我看看。"荀息见晋灵公上钩，便说："我呢，可以把十二个棋子，一个一个叠起来，还可以加九个鸡蛋在上面。"说完他便真的玩起来了，把这十二个棋子叠好之后，开始往上加鸡蛋。旁边的人看得都非常紧张，这时候晋灵公忍不住说："这太危险了，太危险了。"荀息一听晋灵公这样说，便趁机谏言说："主公，别少见多怪，还有比这更危险的呢。"

晋灵公觉得奇怪，因为对他来说，这样子已经很危险了，竟然还有比这更危险的？他迫不及待地问："是吗？那快让我看看。"这时，只听荀息说道："九层之台，造了三年还没完工，三年来，男人不能在田里耕种，女人不能在家里纺织，都在这里搬木头，运石块，国库的金子也快花完了，兵士得不到给养，武器没有金属去铸造，邻国现在正在计划趁机来侵略我们呢，这样下去，咱们的国家就快完了。主公，这难道不比垒鸡蛋更危险吗？"晋灵公一听，猛然觉醒，他意识到原来自己犯了这么严重的错误，便立刻下令停止铸台。

这便是"危如累卵"的典故。荀息摆出人力、国库的缺失与国家受威胁的危机，让主公自己权衡得与失，让他自己明白如果国家都没有了，还要九层楼的戏台做什么？这种劳民伤财的事情，花费的成本很大，代价也终会很大，可是收益呢，几乎没有。他通过营造现场的图像化信息，勾勒重要的内容，用这种巧妙的方法，让晋灵公自己发现自己的问题，比他直白地讲出来效果要好很多，自然劝谏也就会被晋灵公采纳。

卡耐基先生曾说过，让你的演说对象行动力飙升的办法，一定是让他觉得主意是他自己想出来的，这样他的主观能动性会大幅度提高，行动力会大幅提升。所以大家在平时去讲一些建议、谏言的时候，就可以采用这个魔术公式，来扭转时局或说话对象一些不好的做法。

本课学习要点：

一、魔术公式

原型：事实＋建议＋好处。从事实切入，然后讲观点和建议，最后讲这件事情带来的好处、价值到底在哪里。

二、魔术公式三大要素

1. 图像化的信息勾勒

学会为自己、为对象规划心理蓝图

2. 沟通中的得与失

在对话中，让对方觉得自己是聪明人

3. 成本效益

让对方感到自己的效益得到最大化

第 18 课
开展令人不悦的话题，避免冲突沟通有妙招

上一课我们跟大家分享了从销售技巧里面提炼出来的表达技术，以帮助大家更好地提升话语的影响力，增强对方行动力的转化程度。在这一课当中，我们将要学习在突破他人防线，获得一种价值认同的过程当中，如何真正做到观点分享。下面我们一起来学习，如何更好地获得对方的认可，更好地达成共识。观点分享的难点，就是表达那些本身容易引起误解和争议的观点。

首先，我们来看一个案例。

妻子的愤怒

一天下班后，丈夫刚进家门时就发现妻子的情绪不对，从她红肿的眼睛里可以看出她刚刚哭过。令人不解的是，妻

子并没有像往常一样向刚回家的丈夫寻求安慰，而是气愤地直视丈夫，仿佛在说，你怎么敢这么做？此时的丈夫还蒙在鼓里。

原来妻子怀疑他在外面有外遇，但实际上他被冤枉了。妻子为什么会得出如此危险的结论呢？原来妻子上午在核对信用卡账单的时候发现，有一笔费用是在某某招待所消费的，而这一家招待所离他们家不远，还是一家很便宜的招待所。看到这个情况之后，妻子顿生疑虑，为什么是在离家这么近的招待所，而为什么这件事她又不知道呢？很快，她就得出了一个令她气恼的结论，这个混蛋，竟然敢欺骗她。于是妻子怒视着丈夫说："真不敢相信，你竟然这样对我！"她的语气很伤感气愤，可是丈夫此时还是一头雾水："我怎么了？"虽然他不知道妻子在说什么，但他知道肯定不是什么好事儿。妻子这时候仍然在回避主题："你知道我说的是什么。"但是她这样的回答，让丈夫感到很不安，丈夫就在心里想，是不是我忘了她的生日，难道今天是她的生日？不对啊，现在还没到夏天呢，她的生日不是还早吗？"怎么了，我不明白你在说什么。"听到丈夫这么说，妻子扬起手中皱巴巴的账单，向丈夫甩了过去："怎么了，你竟然有外遇，还让我找到了证据！"

丈夫这时候完全糊涂了，第一，他没有外遇；第二，那张纸上也没有什么可以做证的照片啊。越想越觉得冤枉和生气，丈夫也理直气壮地说："就这张破纸，它怎么能证明我就有外遇呢？"这时候妻子更不依不饶："怎么证明？这可是招待所的账单，你别装了，你肯定带哪个女人鬼混去了，竟然还用信用卡开房，真不敢相信你这样对我！"

我们先来分析一下妻子的行为。用倒推的方法看，妻子目前的行为就是指责、攻击丈夫，是什么让她产生了这种行为呢？显然是她形成的一种感受，她认为丈夫背叛了自己，所以感到很气愤；那么又是什么让她形成了这种感受呢？最重要的原因就是她发现了信用卡账单，这是她的所见所闻；但是丈夫有外遇这件事情，确实属于她个人的主观臆断。

一般人做出判断和行动的来源，一个是所见所闻，案例中就是妻子看到这个账单的事实。另一个就是由这个事实，不同的人会有不同的主观臆断，有的人会向好的方面想，有的人会向坏的方面想，有的人会保持比较中立的想法，这些都是个人对所见所闻的认知和理解。主观臆断会让人形成一定的感受，这种感受会导致不理智行为。在不良的沟通中，人一般直接从第二个部分，也就是自己的主观臆断开始进入对话。如妻子和丈夫的对话中，就是妻子认为对方有外遇了，妻子就从这个地方开始进入对话。这个具有争议的点，只是她脑海当中的一种主观臆断的想法，她以这种想法进入对话，其实是非常可怕的一件事情，不但不能找到事情的真相，不能很好地表达自己的想法，更不能和对方达成共识。

那在平常的生活和工作中，我们遇到这种情况应该怎么办呢？下面就教给大家一种表达令人不悦的内容的方法。

这个方法一共有三个阶段，第一个阶段叫从事实入手到引出想法，第二个阶段叫从征询意见到尝试表述，第三个阶段叫从确定目标到开始行动。

对话的关键是你一定不要遗漏所见所闻，因为所见所闻是事实，产生争议一般最少，所以要通过所见所闻来谈起。比如我们说，你这个人不值得信任，那么就会让人摸不着头脑；但是如果我们说，你今天上班迟到了20分钟，你明明说以后不再迟到的啊。这说的是一个事实，通过分析这个事实，对方心里可能会不服，但也得承认这个事实。但"你不值得信任"这样的指责，就很容易引起争论和争辩。所以事实最具说服力，事实最不会引起争议，事实最不会令人反感。

这里我要多说说从事实入手的好处。先给大家举个例子。

星期天去超市，人多车多，在停车场里找个车位都得半天，转了一圈又一圈，好不容易在角落里看见个像车位的空间，开了过去一看，有一辆车斜停着。你心里正在嘀咕，"这人怎么这样，本来车位就紧张，这车停得……"这时这辆车的主人来了，你心中有一团怒火。你设想了不同的开口方式。

一种是你决定批评一下他，但就是善意告诫式的，那么你可能会这么说："你这人怎么回事，停车位本来就紧张，怎么还占着两个位置，我都在这停车场转了两圈了。"对方可能说："对不起，对不起，刚才买完东西，发现把手机落在收银台了，心里着急，找了个位置就赶快停下了。"你这样说容易摸到事情真相，双方起冲突的可能性也没有那么大。

另一种说法，你开口就批评他："你这人真没素质，哪有这么停车的，你怎么不占一排呀？"对方听了很可能会和你吵起来，要是再赶上手机没找到，估计气就都撒在你身上了，你俩估计还得因此打一架。

第二种表述中，你明明没有说脏话，为什么对方反应会如此激烈呢？原因就在于第一种表述虽有指责，但你陈述的是事实，且也考虑到了对方的感受，车主容易接受；第二种表述，一句"你这人真没素质"彻底"扎心"，你触碰了对方的人品问题，事情就严重了，对方当然很难接受。

从事实入手的说话的关键就在于这幅人性五层次图（图18-1）。当你批评人的时候，要尽量往上说；当你表扬人的时候，要在保证真诚的前提下尽量往下说。比如快到年底了，加班非常频繁，领导还额外给你布置了一个做PPT汇报的任务，你熬了三天三夜终于做完了，拿给领导看，领导发现里面的排版、字体大小不统一，就批评说："你这是什么态度，太不认真了，字号都不统一，拿回去重做。"此时你心里

图18-1　人性五层次

一定很委屈，"最近工作强度这么大，我利用休息时间做的材料，领导还说我态度不好"。重点说一下，从这个例子也可以看出，领导的说话艺术是很重要的，不然在一次次伤心与委屈后，员工可能就"无所畏惧"了。但如果领导这么说："小王，这字号好多页都不一样啊，最近工作的确辛苦，多给你几天时间，这周五下班前你发给我，我周末看看，下周一直接上会。"我相信你一定会认真完成任务，并在心里感激领导。这就是批评人的时候，要尽量往上说。

表扬人的时候，你要在保证真诚的前提下尽量往下说。比如你所在的单位是一家专业性很强的企业，该企业每年从某大学某专业招收的学生比例最大，你也是从这所大学招进公司的。你很好地完成了一个技术性很强的项目，领导满意地看着数据表说："你们某大学毕业的学生果然名不虚传，不错，继续加油。"我估计当你听到自己的学校都被表扬的时候，一定会因为自己是其中一员感到无比自豪，做工作也会更加有干劲。

讲到从事实入手，我认为各位在职场的日常表述中免不了涉及"人性五层次"，所以就岔开话题多说了一些，下面我们言归正传。针对前文怀疑丈夫出轨的案例中的沟通情境，我们采用三阶段法来把对话搭建一遍。

丈夫回到家看到妻子可以先问一句："亲爱的，今天过得怎么样啊？"妻子说："不怎么样。"丈夫问起缘由，妻子这时候就可以采用分享事实的方法说："今天我在检查账单的时候，发现有一笔消费，地点是咱们家旁边的某某招待所。"丈夫说："啊，会不会弄错了啊？"

妻子回答："没错，确实是这样。"丈夫说："别担心，哪天有空的时候，我去那家招待所核对一下情况。"妻子说："我觉得吧，还是今天晚上弄清楚比较好。"

丈夫想了想，觉得没必要："不用了吧，就一百多块钱，回头再说吧。"妻子这时候就可以说："可是我担心的不是钱的问题，我担心的是招待所的问题，要知道我妹妹就是在那家招待所里发现他老公有外遇的，她也发现了一张可疑的招待所的账单。"这时候，妻子用到的就是试探性的方法，提出了一个情境，从事实入手到引出想法。然后她继续说："这种事儿，我不用担心吧？你觉得这个账单会有什么问题吗？"好，她开始去询问对方的观点了。然后丈夫说："我不知道，不过你对我可要放一百个心。"妻子这时候可以说："我知道我不该怀疑你，我也不相信你会有外遇。"这时候用到的是前面讲的对比陈述的方法。妻子可以接着说："不过呢，如果我们能今天晚上把事情查清楚，我肯定会安心多了，你觉得行吗？"从征询意见到尝试表述，再到鼓励对方做出尝试。然后丈夫就比较自然地说："好吧，我没意见，咱们打个电话过去问问。"最后事情的结果是，这对夫妻在月初的时候，曾经在一家中餐厅吃饭，这个餐厅的老板同时是这家招待所的老板，所以他在给餐厅客户结账的时候，使用的是和招待所一样的刷卡机，真相大白，让人虚惊了一场。

使用三阶段表述法，在表达令人不愉快的内容的时候，往往能够化解尴尬，也能让对方愿意跟上我们的想法，我们也能听到很多真实的想法，更重要的是，我们可以在不断的沟通中达成共识。

从事实入手到引出想法，就是让人从最少争议的事实谈起，然后根据事实得出纯粹客观的结论；从征询意见到尝试表述，实际上就是鼓励对方说出自己真实的想法，并在承认这些结果的基础上，结合你自己的想法做出试探表述；从确定目标到开始行动，为双方营造安全感的同时，也就行动方向达成了一致的意见，接下来只需鼓励其行动就可以了。希望大家在未来，比如在开会、见客户，跟领导、客户分享观点时，能够用这样的方法，避免尴尬，循循善诱，开启对方的话匣子。

本课学习要点：

　　开展陈述不悦话题，避免冲突三阶段：

一、从事实入手到引出想法

　　批评人时尽量往上说（说好的部分，给对方以希望），表扬人时要在保证真诚的前提下尽量往下说（尽可能多扩展表扬范围）

二、从征询意见到尝试表述

三、从确定目标到开始行动

附　录

hi...

如果没有了融资，美团下半场怎么玩？

2015 年 10 月，大众点评网与美团合并。随着大众点评创始人张涛的逐渐退隐，"连环创业家"王兴开始掌控大局。"O2O 行业进入下半场"成为他对公司当下时势最常用的评价。然而持续烧钱不止、老股东阿里巴巴集团折价转让股票、网络食品安全管理问题频发、快递员事件导致企业文化被质疑等问题，也让美团成为业界关注的焦点。

随着 G 轮融资的完成，背后资本对公司的期待也日益拔高，"新美大"能否打好背水一战？

三足鼎立

"百度糯米与百度外卖将打包出售给美团"这一传言曾大肆风传于网络，与百度糯米迅速而高调的否认不同，不管是美团还是王兴都沉默不语。合并或许正是美团背后资本所乐意看到的结果。

在与大众点评合并之前，美团已经经历了5轮融资，包括红杉资本、阿里巴巴集团、泛大西洋资本等。

2015年10月合并后一年，"新美大"有两项已披露的投资进展。2016年1月，"新美大"完成合并后首次融资，融资额超33亿美元，融资后新公司估值超过180亿美元。此次融资由腾讯、DST、挚信资本领投，国开开元、今日资本、Baillie Gifford、淡马锡、加拿大养老基金投资公司等公司参投。7月，"新美大"宣布获得华润创业联和基金战略投资，对于核心的融资金额和总体估值并未披露。

但这一次，作为美团早期投资者的阿里巴巴集团非但没有跟投，还将美团视为"弃子"。阿里巴巴集团董事局执行副主席蔡崇信曾在财报电话会议上明确表示，阿里巴巴集团退出美团股份只是时间问题，公司在O2O领域只会押宝口碑。

与此同时，"新美大"却在向新入场的投资者原价售卖自己的股权。业内指出，由于阿里巴巴集团在美国有着极高的声誉，其打折售卖"新美大"的股权，已成为一个信号，引起了投资者的警惕。

一份美团股权售卖书指出："受让阿里巴巴老股份额的估值价格为124.5亿美元，为本轮融资估值150亿美元的8.3折，安全边际高于市场同期同类型产品。"

随后，阿里系以 12.5 亿美元投资饿了么，跻身其第一大股东，口碑的外卖频道与饿了么全线打通，蔡崇信进入饿了么董事会。

如今，BAT（百度、阿里巴巴、腾讯）在 O2O 领域各执一子。早期的资本支持奠定了"新美大"如今的地位，整合而成的到店餐饮、到店综合、平台业务、外卖配送、酒店旅游等五大事业群，也将其彻底推入腾讯阵营。从目前的局势来看，"糯米＋外卖"之于百度、"口碑＋饿了么"之于阿里，无论是在持股还是在战略权重上的意义远远大于"新美大"之于腾讯，这也使得王兴的这场仗打得有些孤独。

三分天下之后，王兴的"下半场"战局并不乐观。他要么带领"新美大"继续赢得资本输血支持；要么加速 IPO，以增添"下半场"争夺战的筹码。

内外交困

如果说补贴战还只是商场的游戏规则，那么食品安全问题则更有可能成为网络订餐平台的阿喀琉斯之踵。

央视"3·15"晚会近年来对问题企业的持续曝光，让网络食品安全的问题成为各地食药监部门的检查焦点。

2016 年 10 月 1 日，《网络食品安全违法行为查处办法》正式实施。在 8 月和 9 月北京、上海等地的食品药品监管局通报、约谈乃至督促整改中，美团、大众点评等巨头均涉及其中，其平台被指出有涉嫌使用"阴阳证照"、不公示证照或无证照经营的餐饮单位在线等行为。

除了食品安全管理之责，多起外卖送货员的车祸风波也将美团的

KPI 考核机制和企业文化推上了风口浪尖,而更元老级的中高管团队的离职潮则可能直接带来其管理人才的失血。

合并后,除原大众点评网的创始团队成员大多出局以外,不少美团的创业元老也已纷纷离职,其中包括美团 10 号员工、美团外卖联合创始人、全国业务负责人沈鹏,以及王兴从阿里巴巴集团挖来,并一手构建了原美团地推体系的原到店餐饮事业群负责人干嘉伟等。

背水一战

按照王兴出席"亚布力中国企业家论坛 2016 夏季高峰会"时的说法,"新美大"在经过三个季度的融合后,除了需要大力投入的外卖业务之外,其他业务已经实现整体盈利,这也是美团和大众点评合并后,王兴首次向外界披露公司盈利的情况,但他并没有披露具体的盈利数据。

在阿里巴巴集团老股转让的股权售卖书显示,"新美大"的上市规划以 3 年为期。然而互联网新生业态迭出,在 2016 年年初的 33 亿美元融资之后,资本市场对 O2O 的关注度明显开始降低,O2O 的竞争已经被划归产业资本的角逐范畴。

饿了么创始人兼 CEO 张旭豪在 2016 年 8 月于上海做的一次讲演中提出,美团的策略是"跟进",这从王兴做校内网时就是如此,通过运营弥补来后发制人。他还说:"跟进策略,像以前自行车比赛破风,躲在第二名,因为第一名可能要走很多弯路啊,第二名后程发力,通过运营来弥补。我觉得是很聪明的一个策略。"

正如张旭豪所说，在O2O格局未定之时，这种策略无疑是聪明的，但现在三足鼎立，各家基因不同，打法也从量变发展为质变，即从原来的占领消费者端，拓展至针对商家的增值服务上。

从百度糯米和口碑的战略动向来看，其O2O除了布局线下入口之外，在变现方式上已经出现了更多的可能性。对糯米而言，绝大多数免佣金与本地直通车的结合正在探索全新的赢利模式。另外，口碑也已在2016年9月20日召开生态合作伙伴大会，就餐饮行业、快消行业、生活服务行业和商圈等线下商业业态发布最新的行业解决方案。

目前，O2O已经从最初的野蛮生长彻底进化为拼质量和服务的"深水区"，这也意味着，提升大数据和企业端增值服务的竞争力已经刻不容缓。对比两位劲敌百度系、阿里系对大数据、人工智能、金融支付等产业链资源的全方位调动，"新美大"与腾讯的联系则明显松散，双方如何进一步实现资源协同，对他们来说都是一个巨大的挑战。

在资本市场向好的时候，用户量、活跃度、成交总额都是决定估值的指标，如今进入寒冬的资本市场只相信现金流和市盈率。

所以，一向以烧钱为模式的美团融资之路，已引起投资人的质疑，如何实现盈利成为美团的当务之急。

（资料网址：http://finance.sina.com.cn/roll/2016-09-14/doc-ifxvueif6733282.shtml。请自己练习用第2课所讲方法结构分析该案例。）

附录2

XX 公司 ERP 应用集成系统科技专题总结汇报

目录

257

总部应用

- 总部应用的范围包括集团公司总部机关（26 个部门），主要包括提供用户平台、决策支持、集成平台和ERP提升（2.0）四个方面功能；

- 共包括财务共享与控制、投资项目一体化等 9 条主线及股权、合同、质量、科技、信息等 5 个专题在总部部门的实施工作，科技专题的建设是总部应用的重要组成部分。

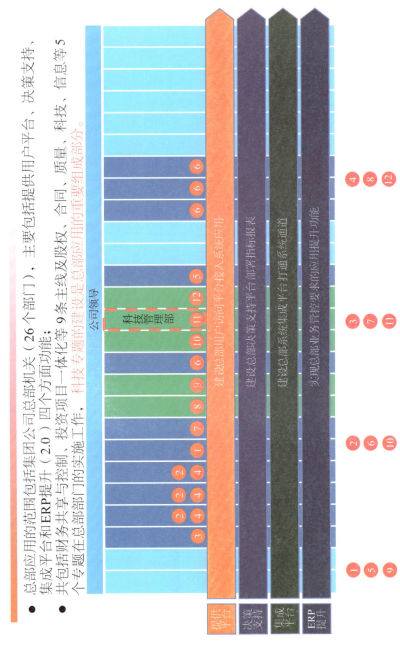

公司领导

科技管理部

建设总部用户访问平台门户接入系统应用

建设总部决策支持平台署指标报表

建设总部系统集成平台打通系统通道

实现总部业务管要求的应用提升功能

提供平台
决策支持
集成平台
ERP提升

科技专题

- 依据科技管理部的管理要求，总部应用中科技专题的建设目标为：实现集团公司科技项目从立项、批复、下达、经费拨付及使用，项目执行及成果验收和奖励等各阶段的全过程管理，满足科技管理部的管理需要。

科技专题

业务范围
科技专题覆盖的业务范围包括：

功能范围
科技专题主要功能范围包括：

系统范围
科技专题的系统范围包括：

目录

科技项目的管理模式

● 集团公司的科技项目实行统一归口，分级分类管理。目前，科技项目分为集团公司科技项目、专业分公司统筹科技项目和地区公司自立科技项目三类。

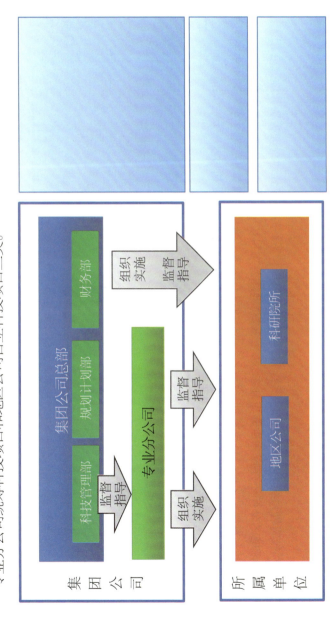

信息系统应用情况

- 目前科技管理系统主要管理了集团公司直管的科技项目，系统只是部分地管理板块和地区公司项目，目前，地区公司还存在大量的自建系统，实现对地区公司科技项目的管理
- 在科技专题建设之前，科技管理系统与其他系统没有集成，项目的预算和经费主要在FMIS中管理，三系统数据标准不统一，科技管理部无法及时了解科技管理系统中项目系统执行及经费使用情况

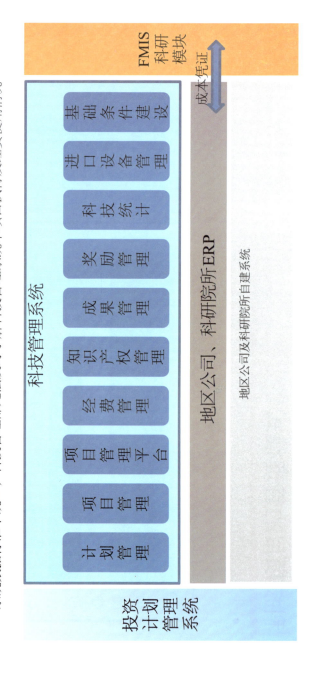

科技专题工作内容

● 结合业务及信息系统应用的现状，总部ERP项目组确定了科技专题的建设内容：

通过科技管理系统、ERP、FMIS的集成，实现对科技项目一体化的线上管理	
通过MDM平台，实现科技项目数据标准化	
以ERP/FMIS为核心实现对科技项目经费的支出控制	
通过决策支持平台实现科技项目KPI及报表集中管理	
通过用户平台实现科技管理各系统的统一访问	

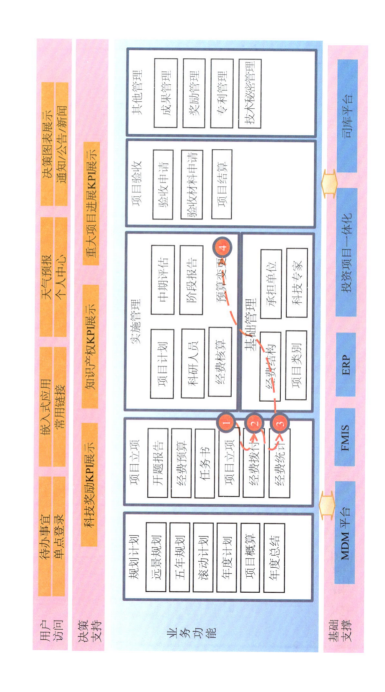

关键业务方案清单

● 综合分析科技项目管理需求，结合现有信息系统建设情况，ERP应用集成共设计4个方面，包含16个关键任务。

序号	方案分类	核心解决方案清单	说明
1	标准化管理		项目编码的基础
2			统一编码规则，实现项目编码在各系统的共享
3			统一经费结构，按经费结构进行预算控制
4			系统集成的基础
5			统一从科技系统下达项目，根据统一编码创建ERP项目及WBS
6			根据经费批次计划从科技系统将实际下达资金传入ERP，用来进行预算控制
7			将预算变更结果传输至ERP，用来变更预算
8	系统集成		将ERP中实际成本信息，传输至科技系统，总部可实时查看项目经费支出情况
9			由科技管理系统下发到ERP应用集成中的投资一体化平台
10			生成的编码回传到科技管理系统
11			预算系统到科技管理系统，科技管理系统使用年度总预算进行控制
12			科技系统将资金拨付计划传输到资金平台
13			资金部在资金平台将实际拨付信息传输至科技管理系统
14			在ERP中按经费预算结构进行预算控制，实现精细化经费管理
15	KPI指标		业务部门需要集中展示的任务列表的KPI指标
16	用户平台		各业务系统的审批流程的任务入用户访问平台中

265

一、标准化管理

项目结构标准化

经费结构标准化

组织结构标准化

项目编码标准化

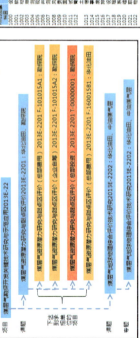

二、系统集成

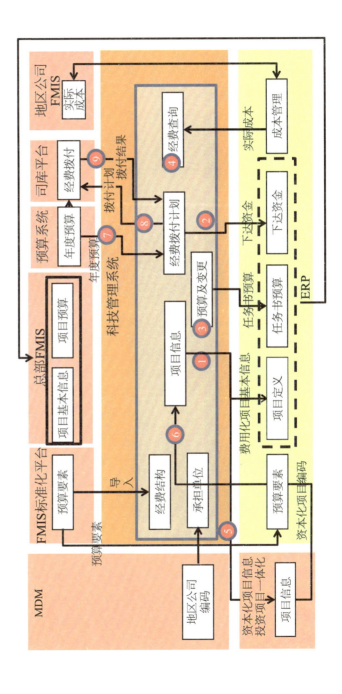

三、KPI指标

- 集团公司领导查看的KPI指标主要包括三个：

指标名称	统计维度	统计口径	统计频度	展示方式	说明
科技奖励	奖励级别：国家、集团公司、其他	全集团的科技奖励	年度		KPI指标在ERP应用集成中的部门的用户平台进行不同维度的展示，最终实现科技部核心KPI指标数据的集中管理。
知识产权	产权类别：按照专利、计算机软件、技术秘密划分	全集团的所有知识产权	年度/季度		
重大项目进展	针对重大项目进展通过系统或手工填报的方式，展示它的进展情况和其他重大事项，每月根据项目情况填报。主要功能包括：录入、审核、发布、查看				

四、用户平台

● 通过统一的用户平台，将相关应用平台、系统进行有机融合，实现统一访问和协同化工作。

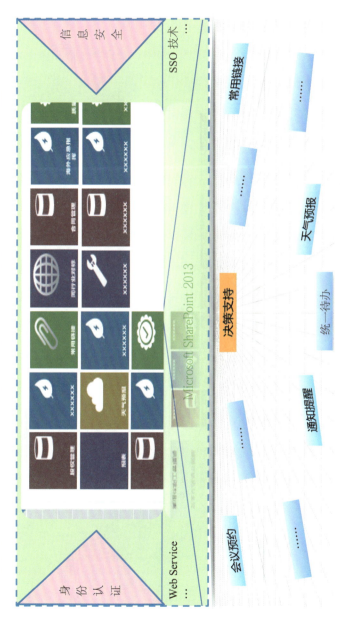

目录

应用效果

成果汇总

项目专款专用
- 针对集团科技项目
- 独立项目台账
- 统一项目编码
- 统一经费结构
- 全过程经费管控

指标可视化
- 核心KPI数据的实时性和可视化
- 多维度的数据分析报表
- 丰富的KPI分析主题

全业务闭环管理
- 统一科技项目业务信息管理平台
- 打通项目管理部门、财务部门的业务流程，实现全业务闭环管理

提高工作效率
- 跨部门/单位、跨系统数据共享
- 项目自动下达
- 实现查看动态项目数据
- 及时掌握项目执行情况

目录

问题与建议

问题 1：科技专题方案虽然在各板块落地，接口已部署，功能已经实现，但具体板块的推广程度不同。

建议：

问题 2：与财务集成 3 个接口（年度总预算接口、拨付计划接口、拨付结果接口）的方案已经确定，由于财务系统实施进展暂未开始。

建议：

问题 3：科技项目未立项、未下达预算时，发生的前期费用，FMIS 系统无法处理，与方案要求的标准流程相冲突。

建议 A：

建议 B：

思考：如何调整此汇报稿的结构思路？

XX 公司 ERP 应用集成系统科技专题总结汇报（修改后）

什么是科技专题？

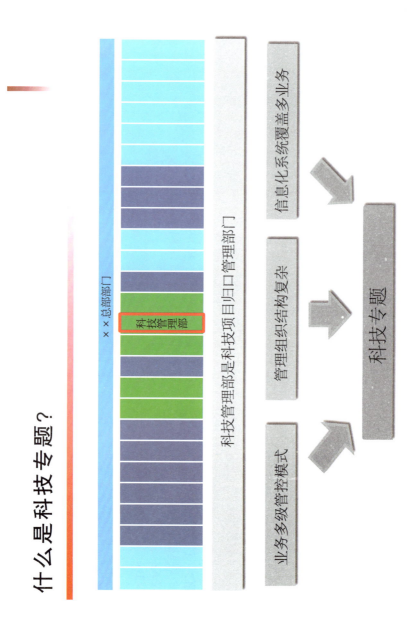

× × 总部部门

科技管理部

科技管理部是科技项目归口管理部门

业务多级管控模式 → 科技专题

管理组织结构复杂 → 科技专题

信息化系统覆盖盖多业务 → 科技专题

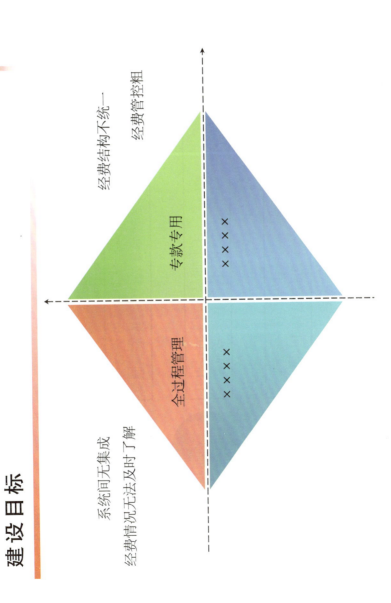

建设目标

经费结构不统一
经费管控粗

专款专用

× × × ×

全过程管理

× × × ×

系统间无集成
经费情况无法及时了解

1 现状分析——标准化

管理标准
MANAGEMENT — 集团公司科技管理部及其所属单位已经编制适合本级管理权限的科技项目管理办法

技术标准
TECHNOLOGY — 各专业分公司、地区公司、科研院所已经编制并执行技术标准管理办法

数据标准
DATA — 管理科技项目的科技管理系统中项目主数据与其他系统的主数据不一致

经费结构

项目分类

项目编码

1 现状分析——信息化系统

- 目前，科技管理系统主要管理了集团公司直管的科技项目，板块和地区公司项目只是部分在系统中进行管理。
- 目前，地区公司还存在大量的自建系统，要实现对地区公司科技项目的管理。
- 在科技专题建设之前，科技管理系统与其他系统没有集成，每个业务模块在不同的系统中管理，数据重复录入，同时科技管理部无法及时了解科技管理系统中项目执行及经费使用情况。

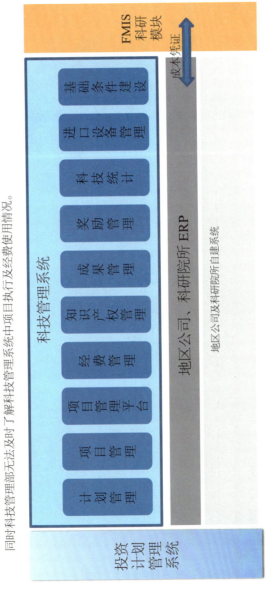

2 详细方案

2.1 标准化方案

1. 项目结构标准化

项目 2013E-22 → 课题 2013E-2201 → 专题 2013E-2201-01

2. 经费结构标准化

FMIS — MDM — 科技管理系统 — ERP

维护会计科目 —①同步→ 预算结构 —②同步→ 经费结构 —③选择→ 编制经费预算 —④同步→ 经费预算

3. 项目编码标准化

类型	业务类别	接收系统	编码规则	给码系统	新编码规则
投资项目	总部投资	ERP	T+流水（82322）	MDM	F+公司代码+年度+（A-J）+（O-Z）
	总部投资（100万以上）	ERP	F+流水（82322）	科技管理系统	F+公司代码+年度+（K-O）+（O-Z）
科技项目	国家及省部级等	ERP	X+流水（82322）	ERP手工	
作业项目		ERP	X+流水（722222）	A7、ERP等	
销售项目	前期费等	ERP	B+流水（722222）	ERP手工	F+公司代码+年度+（O-9）+（O-Z）
其他项目	安环、HSE、维修等	ERP	F+流水（82322）	FMIS手工	F+公司代码+年度+（P-Z）+（O-Z）
（财务）	安环、HSE、维修等	FMIS	F+流水（82322）	ERP手工	

4. 项目结构标准化

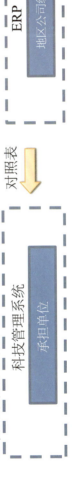

科技管理系统 / 承担单位 —对照表→ ERP / 地区公司编码

2.2 系统集成方案

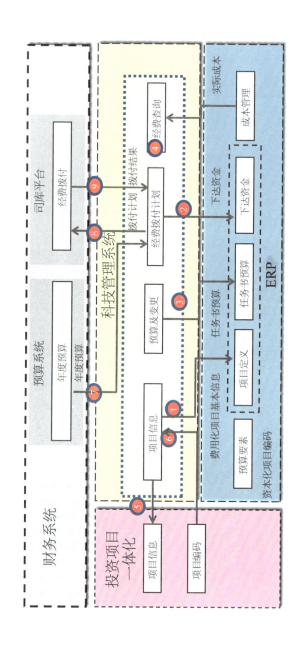

3 应用效果——全过程管理

系统上的实现效果：

- 科技专题通过科技管理系统与 ERP，投资项目一体化平台，财务系统的集成，满足科技管理系统项目，预算及资金的下达，在板块 ERP 进行预算控制，并将实际支出返回科技管理系统进行查询和统计分析，实现专款专用。

- 通过业务集成实现科技项目从立项下达，经费拨付，使用支出等阶段的全过程管理。

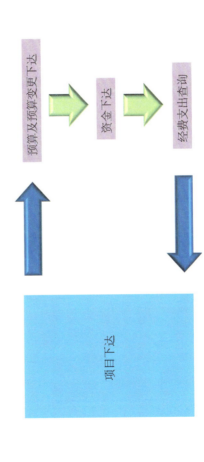

3 应用效果——全过程管理

实际应用过程中的效果：

● 科研院所通过科技管理系统承接科技管理部下达的科研项目，科技管理部项目管理人员在科技管理系统中查看审批过的计划任务书，项目信息通过接口同步到科研院所的 ERP 中。

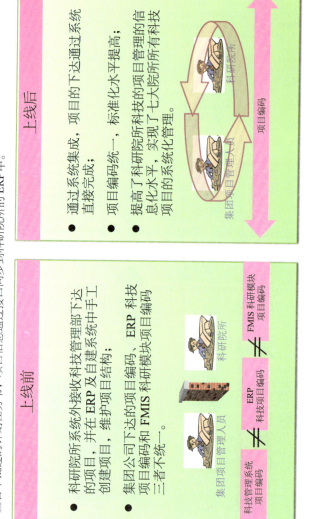

上线前

● 科研院所系统外接收科技管理部下达的项目，并在 ERP 及自建系统中手工创建项目，维护项目结构；

● 集团公司下达的项目编码，ERP 科技项目编码和 FMIS 科研模块项目编码三者不统一。

集团项目管理系统 项目编码　科技管理系统 项目编码　科研院所　ERP 科技项目编码　FMIS 科研模块 项目编码

上线后

● 通过系统集成，项目的下达通过系统直接完成；

● 项目编码统一、标准化水平提高；

● 提高了科研院所科技的项目管理的信息化水平，实现了七大院所所有科技项目的系统化管理。

科研院所　集团项目管理大员　项目编码

3 应用效果——专款专用

系统实现的效果：
- 通过启用 ERP 中资金管理模块对经费预算和经费支出进行管控。
- ERP 系统中接收批次经费信息，ERP 进行整体预算控制和明细预算控制，最终实现项目经费的专款专用。

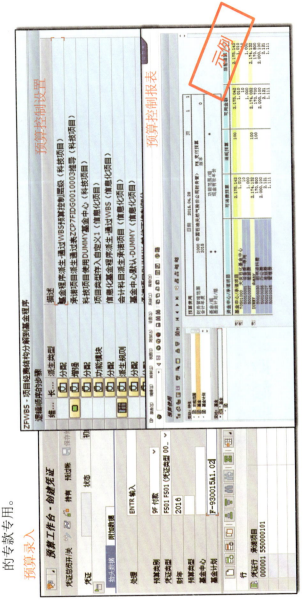

预算录入

预算控制设置

预算控制报表

3 应用效果——专款专用

实际应用过程中的效果：

● 上线后，通过科技管理系统与 ERP，FMIS 集成，科研院所预算管理可以做到从预算下达、预算维护、预算控制、预算变更到经费支到经费使用的预算所经费使用情况的全流程统计的全流程。同时，满足集团对科研院所经费使用情况的管理监控要求。

上线前

● 各业务处室不能实时掌握项目经费使用情况，只能通过中期评估阶段检查了解情况；

● 项目管理单位不能及时掌握科技项目的财务经费拨付情况；

● 经费结构、WBS 结构与会计科目不一致，需要人工进行对照、进行核算。

上线后

● 将科技管理系统中的项目基本信息和预算信息传输至 ERP 中，根据经费预算创建 WBS，进行预算控制；

● 统一了经费结构、WBS 结构和会计科目结构，便于自动核算；

● 实现科技管理系统、ERP、FMIS 三个系统间拨付数据的共享，使项目管理人员及时掌握财务拨付信息。

总结

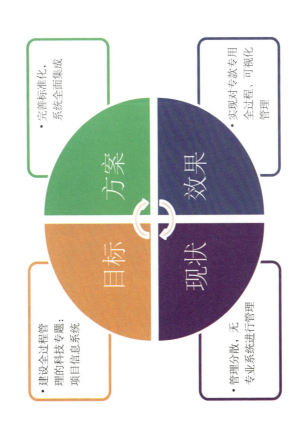

- 完善标准化，系统全面集成

- 实现对专款专用全过程、可视化管理

- 建设全过程管理的科技专题：项目信息系统

- 管理分散，无专业系统进行管理

方案

效果

目标

现状